会員・特別会員共通 証券外務員

# 内部管理責任者

## 新装版第4版

## 合格のためのバイブル

嶋田 浩至
新谷 佳代 著

税務経理協会

# は し が き

　金融商品取引業者は，市場の主たる仲介者として，法令等を遵守する営業姿勢，適正な投資勧誘，適正な顧客管理を徹底させながら，かつ効率的な金融商品取引業務を遂行することが期待されています。

　そうしたなかで，営業責任者あるいは内部管理責任者は，営業単位における現場の管理者・指導者として重要な役割を担っています。

　最近では，金融商品取引業者は，管理者や管理者を目指す人のみならず，すべての従業員まで法令諸規則を徹底させるために，この「内部管理責任者資格試験」を受験させています。

　なお，会員内部管理責任者資格試験と特別会員内部管理責任者資格試験は，共通の必携を使用し出題範囲も共通部分が多いため，本書では記述内容を一冊にまとめ相互に理解できるように編集しました。 **会員** は会員内部管理責任者のみで， **特別会員** は特別会員内部管理責任者のみの試験範囲で， **共通** は両試験共通範囲となっています。

　より使いやすく，よりわかりやすく活用いただける内部管理責任者資格取得のための受験参考書として，短期間に要領よく学習できる最適の冊子を目指して執筆しました。

　私は，10数年にわたって実際に証券外務員試験の受験指導に携わり，さらに2001年から当出版社㈱税務経理協会より「証券外務員」シリーズを受験者に届けてまいりました。

　本書は，それらの延長線上にある受験参考書として位置付けられています。是非，多くの受験者に役立つことを願ってやみません。


2021年 5 月

著　者

## ＜会員・特別会員内部管理責任者資格試験の概要＞

### ○受験資格

| 会員内部管理責任者資格試験 | 特別会員内部管理責任者資格試験 |
|---|---|
| ①　協会員の役員（外国法人については，役員と同等以上の支配力を有すると認める者を含む） | ①　特別会員又は特定業務会員の役員 |
| ②　協会員が試験を受けさせる必要があると認める者で一種外務員資格を有する者 | ②　特別会員又は特定業務会員が試験を受けさせる必要があると認める者で一種外務員資格又は特別会員一種外務員資格を有する者 |

### ○受験手続

　各協会員が協会に受験申込みを行います。

### ○試験日と試験会場

　(1)　原則として毎営業日に実施されます。

　(2)　試験会場（テストセンター）は全国の主要都市に設置されています。

### ○試験の出題範囲

| 会員内部管理責任者資格試験 | 特別会員内部管理責任者資格試験 |
|---|---|
| ・内部管理・法令遵守に関する基本的知識<br>・金融商品取引法及び関係法令<br>・協会定款・諸規則<br>・取引所定款・諸規則<br>・社内管理規定等 | ・内部管理・法令遵守に関する基本的知識<br>・金融商品取引法及び関係法令<br>・協会定款・諸規則<br>・社内管理規定等<br>※上記については，登録金融機関業務に係る部分に限定 |

## ○出題数・出題形式・受験時間

|  | 会員内部管理責任者資格試験 | 特別会員内部管理責任者資格試験 |
|---|---|---|
| 出題方式 | ○×方式及び四肢選択方式。解答方法はパソコンへの入力。 | |
| 出題数 配点 | 合計50問<br>○×方式（25問，各10点）<br>四肢選択方式（25問，各10点） | 合計30問<br>○×方式（15問，各10点）<br>四肢選択方式（15問，各10点） |
| 受験時間 | 90分 | 60分 |
| 合否判定 | 500点満点の７割（350点）以上得点した者を合格者とする。 | 300点満点の７割（210点）以上得点した者を合格者とする。 |

## ○合否発表

　原則として，試験日の２営業日後に各協会員の担当者に通知されます。

## ○不合格の場合の受験制限

　不合格となった場合，不合格となった試験の受験日の翌日から起算して30日間は，すべての試験を受験することができません。

# 目　　次

# Ⅳ　投資勧誘の管理

---

（参考）

(i)本書における「重要度」の★の数は，その重要度の程度を表しています。

(ii) 会員 は，会員内部管理責任者資格試験のみの内容を対象とした記述。

(iii) 特別会員 は，特別会員内部管理責任者資格試験のみの内容を対象とした記述。

(iv) 共通 は，両試験に共通の内容を対象とした記述。

# I 内部管理・法令遵守態勢の重要性

I

# 共通
# 内部管理態勢整備の必要性

重要度★★★★★

## ▌▌ 内部管理態勢の整備 ・・・・・・・・・・・・・・・・・・・・・・・・・・・・

| 社会的・公共的使命 | ① 協会員は，その業務を**適正かつ効率的**に遂行することが期待される。<br>② その役職員は，法令・規則等を遵守して**適正な営業活動を確保**することが必要である。 |
|---|---|
| 有効性の検証と改善 | 協会員各社は，次の点について，**常時その有効性を検証し，必要に応じて改善する態勢を整えていくこと**。<br>① 社内の内部管理や法令等遵守のしくみが本当の意味で機能しているか。<br>② 営業部門の活動状況を的確に把握し，期待されているチェック機能を十分に果たしているか。 |
| 効果的に機能させるポイント | ① **適正な営業活動の徹底を経営の基本方針**とし，その方針が日々の業務に貫徹されていることを常時点検しなければならない。<br>② 不適切な取引や不正行為を**未然に防止**する。<br>③ 問題が発生した場合にも早急な改善措置を自ら講じることができるよう，**内部管理態勢を整備**しなければならない。<br>④ 金融商品取引法（金商法）では，**法令違反行為がなくとも，公益又は投資者保護のため必要かつ適当であると認めるとき**は，協会員の内部管理態勢を改善すべきものとして，**業務改善命令を発する**ことができるとされている。 |
| 態勢の強化 | 金商法その他の法令諸規則等の遵守状況を管理する業務に従事する役職員の配置，その資格要件，責務等を定めた内部管理責任者規則が制定されている。 |

## ■ 内部管理統括責任者 ・・・・・・・・・・・・・・・・・・

| 登　　　録 | 原則として**代表権を有する社長等に次ぐ高位の役員**とし，氏名等を日本証券業協会（**協会**）に登録する。 |
|---|---|
| 責　　　務 | ① **社内全体に法令等を遵守する営業姿勢を徹底させる**とともに，投資勧誘等の営業活動，顧客管理が適正に行われるよう，**内部管理態勢の整備**に努めなければならない。<br>② **営業責任者・内部管理責任者を指導・監督し**，法令等の違反事案が生じた場合には，金商法その他の法令諸規則等に照らし，適正に処理しなければならない。<br>③ 営業活動における**法令等の遵守**に関し，**行政官庁や協会等の自主規制機関と適切に連絡・調整**を行わなければならない。<br>④ 投資勧誘等の営業活動や顧客管理に関し**重大な事案が生じた場合**は，速やかにその内容を取締役社長等に報告しなければならない。 |
| 職務の分担 | その責務を遂行するため，自己の責任において，内部管理部門の役員等に自己の職務を「**内部管理統括補助責任者**」として分担させることができる（内部管理統括補助責任者は，職務を的確に遂行し，**内部管理統括責任者にその遂行状況を報告**しなければならない）。 |

## ■ 営業責任者 ・・・・・・・・・・・・・・・・・・・・・・

| 位 置 付 け | **営業責任者（支店長等）**は，その**営業単位（支店等）の営業活動**を指導・監督する。 |
|---|---|
| 資 格 要 件 | 会員内部管理責任者資格試験又は特別会員内部管理責任者資格試験等の合格者でなければ営業責任者に任命してはならない。 |
| 責　　　務 | ① 営業単位に所属する役職員に対し，金商法その他の法令諸規則等を遵守する営業姿勢を徹底させ，投資勧誘等の営業活動，顧客管理が適正に行われるよう，**指導・監督**しなければならない。<br>② 営業単位における投資勧誘等の営業活動や顧客管理に関し**重大な事案が生じた場合**，速やかにその内容を内部管理統括責任者に報告し，その指示を受けなければならない。 |

## ▉▉ 内部管理責任者 ・・・・・・・・・・・・・・・・・・・・・・・・・・・

| | |
|---|---|
| 任　命 | 支店等の**営業単位ごとに「内部管理責任者」を任命**しなければならない。また，**営業責任者と内部管理責任者は兼務することができない。** |
| 資格要件 | 会員内部管理責任者資格試験又は特別会員内部管理責任者資格試験の合格者でなければ内部管理責任者に任命してはならない。 |
| 責　務 | ① 営業単位における営業活動が金商法その他の法令諸規則等に準拠し，適正に遂行されているかどうか，**常時監査**する等適切な内部管理を行わなければならない。<br>② 営業単位における投資勧誘等の営業活動や顧客管理に関し**重大な事案が生じた場合は，速やかに内部管理統括責任者に報告し，その指示を受けなければならない。** |

## ▉▉ 協会による交代勧告 ・・・・・・・・・・・・・・・・・・・・・・・・・

| | |
|---|---|
| 交代勧告 | 協会は，次のいずれかに該当することとなった**内部管理統括責任者あるいは内部管理統括補助責任者に交代を勧告**することができる。<br>① 自らが法令等違反行為を行ったとき。<br>② 協会員の法令等違反行為を隠蔽，放置した場合や，自らの指示により発生した場合等，その責務を十分果たしていなかったと認められるとき。 |

**問題1** 次の文章のうち，正しいものはどれか。正しいものをイ〜ハから選んでいる選択肢の番号を一つマークしなさい。

イ　協会員は，営業部門の活動状況を的確に把握し，期待されているチェック機能を十分に果たしているかについて，常時その有効性を検証し，必要に応じて改善する態勢を整えていくことが重要である。

ロ　協会員は，適正な営業活動の徹底を経営の基本方針とし，その方針が日々の業務に貫徹されていることを常時点検しなければならない。

ハ　協会員の業務運営に問題が認められる場合でも，法令違反行為がなければ，業務改善命令を発せられることはない。

（選択肢）

1　正しいのはイ及びロであり，ハは正しくない。

2　正しいのはイ及びハであり，ロは正しくない。

3　正しいのはロ及びハであり，イは正しくない。

4　イ，ロ及びハすべて正しい。

解　答　・　解　説

**問題1**　解答：1

解説：ハは誤り。協会員の内部管理態勢を改善すべきものとして，業務改善命令を発することができる。

**問題2** 次の文章について，正しい場合は○へ，正しくない場合は×の方へマークしなさい。

1 協会員は，その社会的・公共的使命に鑑み，その業務を適正かつ効率的に遂行することが期待されており，その役職員が法令・規則等を遵守して適正な営業活動を確保することが必要である。

2 協会員は，金融庁が公表した「顧客本位の業務運営に関する原則」に基づき，各協会員が定める顧客本位の業務運営に関する方針に従い，業務運営を実施する上でも，内部管理態勢の整備が重要である。

3 内部管理統括責任者は，自己の責任において内部管理責任者に自己の職務を分担させることができる。

4 内部管理責任者は，営業単位における投資勧誘等の営業活動や顧客管理に関し重大な事案が生じた場合には，速やかに営業責任者に報告し，その指示を受けなければならない。

5 内部管理責任者は，営業単位に所属する役職員に対し金融商品取引法その他の法令諸規則等を遵守する営業姿勢を徹底させ，投資勧誘等の営業活動，顧客管理が適正に行われるよう指導，監督しなければならない。

6 内部管理責任者は，営業責任者を兼務することができる。

---

### 解 答 ・ 解 説

**問題2** 解答：1○，2○，3×，4×，5×，6×

解説：3は誤り。「内部管理責任者」ではなく，内部管理部門の役員等を「内部管理統括補助責任者」として職務を分担させることができる。

4は誤り。「営業責任者」ではなく，「内部管理統括責任者」に報告し，その指示を受けなければならない。

5は誤り。「内部管理責任者」ではなく，「営業責任者」の責務。

6は誤り。内部管理責任者は，営業責任者を牽制することが期待されているため，兼務することができない。

問題3　次の文章について，正しいものはどれか。正しいものをイ〜ハから選んでいる選択肢の番号を一つマークしなさい。

イ　内部管理統括責任者は，原則として代表権を有する社長等に次ぐ高位の役員を充てるものとされ，その氏名等を管轄する財務局に登録することになっている。

ロ　会員内部管理責任者資格試験又は特別会員内部管理責任者資格試験等の合格者でなければ営業責任者に任命してはならない。

ハ　協会は，協会員の法令等違反行為が発生した場合において，内部管理統括責任者あるいは内部管理統括補助責任者が当該法令等違反行為を隠蔽，放置した場合や，自らの指示により発生した場合等，その責務を十分果たしていなかったと認められるときは，当該内部管理統括責任者あるいは内部管理統括補助責任者の交代勧告をすることができる。

（選択肢）

1　正しいのはイ及びロであり，ハは正しくない。

2　正しいのはイ及びハであり，ロは正しくない。

3　正しいのはロ及びハであり，イは正しくない。

4　イ，ロ及びハすべて正しい。

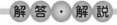

解　答　・　解　説

問題3　解答：3

解説：イは誤り。協会に登録することになっている。

# IOSCOの行為規範原則

重要度★★★

共通

## ■ IOSCO（証券監督者国際機構）で採択された七つの原則 ・・・・・・

| | |
|---|---|
| 誠実・公正 | 業者は，その業務にあたっては，**顧客の最大の利益及び市場の健全性を図るべく，誠実かつ公正**に行動しなければならない。 |
| 注意義務 | 業者は，その業務にあたっては，**顧客の最大の利益及び市場の健全性を図るべく，相当の技術，配慮及び注意**をもって行動しなければならない。 |
| 能　力 | 業者は，業務の適切な遂行のために**必要な人材を雇用**し，手続を整備しなければならない。 |
| 顧客に関する情報 | 業者は，サービスの提供にあたっては，**顧客の資産状況，投資経験及び投資目的**を把握するよう努めなければならない。 |
| 顧客に対する情報開示 | 業者は，顧客との取引にあたっては，**当該取引に関する具体的な情報**を十分に開示しなければならない。 |
| 利益相反 | 業者は，**利益相反を回避**すべく努力しなければならない。利益相反が回避できないおそれがある場合においても，**すべての顧客の公平な取扱い**を確保しなければならない。 |
| コンプライアンス | 業者は，顧客の最大の利益及び市場の健全性を図るため，その業務に適用される**すべての規則を遵守**しなければならない。 |

## ■ IOSCO 行為規範原則に基づく証券取引審議会報告書 ・・・・・・・・

| | |
|---|---|
| 行為規範原則とは | 顧客利益の保護及び市場の健全性確保のため，証券及びすべての派生的商品（先物，オプション等）を取扱い，又は助言を行う**業者及びその販売代理人の活動を規制**する諸原則をいう。<br>　なお，自己資本規制や相場操縦の禁止等，**すべての市場参加者を対象にする一般的行為規制は含まれない**。 |

**問　題**　次の文章について，正しい場合は○へ，正しくない場合は×の方
へマークしなさい。

1　業者は，その業務にあたっては，顧客の適切な勧誘を図るべく，誠実
かつ公正に行動しなければならない。

2　業者は，その業務にあたっては，顧客の最大の利益及び顧客の公平な
取扱いを図るべく，相当の技術，配慮及び注意をもって行動しなければ
ならない。

3　業者は，サービスの提供にあたっては，顧客の資産状況，投資経験及
び投資目的を把握するよう努めなければならない。

4　業者は，顧客との取引にあたっては，当該取引に関する具体的な情報
を十分に開示しなければならない。

5　業者は，利益相反が回避できないおそれがある場合においても，顧客
の自己責任の確立を図るべく努力しなければならない。

6　IOSCO（証券監督者国際機構）の行為規範原則には，自己資本規制や
相場操縦の禁止等の行為規制は含まれていない。

---

## 解 答 ・ 解 説

**解答**：1×，2×，3○，4○，5×，6○

**解説**：1は誤り。「顧客の適切な勧誘」ではなく，「顧客の最大の利益及び市場
の健全性」。

2は誤り。「顧客の公平な取扱い」ではなく，「市場の健全性」。

5は誤り。「顧客の自己責任の確立を図るべく努力」ではなく，「すべて
の顧客の公平な取扱いを確保」。

# II

## 協会員役職員の
## 職業倫理

# 1 共通
# 投資者から信頼されるための職業倫理と自己規律・倫理コード
### 重要度★★★★

## ■ 投資者から信頼されるために ・・・・・・・・・・・・・・・・・・・・・

| 実効性ある内部管理態勢 | 協会員の内部管理態勢を実効性のあるものとして機能させるためには，各役職員がそれぞれ健全な社会常識，職業倫理及び自己規律を認識して行動する必要がある。 |
|---|---|
| 市場の担い手 | 協会員が市場の担い手として市場仲介機能を適切に発揮することは，我が国市場に対する投資者の信認を高め，市場の発展につなげていくうえで一層重要である。 |
| 市場の門番 | 協会員は，市場の門番（ゲートキーパー）としての役割が期待されており，金融・資本市場における他の参加者以上に，法令等遵守態勢及び内部管理態勢の整備や，役職員による不正行為の防止に向けた職業倫理の強化への取組みが求められている。 |

## ■ 職業倫理とは ・・・・・・・・・・・・・・・・・・・・・・・・・・・・

| 高い倫理観 | 職業人としての基本である。高い倫理観を保持し続けることは，あらゆる信頼の保持につながる。 |
|---|---|
| 外 務 員 | 役職員のうち，外務員は，その所属する協会員に代わって，有価証券の取引等に関し，一切の裁判外の行為を行うものとされており，金融商品取引業に携わるプロとして，特に高い職業上の倫理観（職業倫理）を求められる。 |

## ■ 倫理コード ・・・・・・・・・・・・・・・・・・・・・・・・・・・・・

| 倫理コードとは | 倫理コードとは，倫理規範（企業や私人が活動するうえでの行動規範）を体系的に記述したものであり，その位置付けは，法令や自主規制規則よりも上位の規範である。 |
|---|---|
| 補完する機能 | 対象となる行為が法令や自主規制規則では判断できない行為であっても，倫理規範から判断することは可能であり，倫理コードには法令や自主規制規則を補完する機能が期待される。 |

## ■■「協会員における倫理コードの保有及び遵守に関する規則」 ・・・・・・

| | |
|---|---|
| 倫理コードの保有 | 協会員は，有価証券の売買その他の取引等について，**協会が別に示す内容（＝モデル倫理コード）を含む倫理規範又はそれと同趣旨の規定（「倫理コード」という）を保有する**こととされている。 |
| 倫理コードの提出 | **保有する倫理コードは協会に提出**しなければならず，また，**協会が別に示す内容（＝モデル倫理コード）に該当する部分を変更した場合も，遅滞なく協会に提出**しなければならない。 |
| 協会への報告 | 協会員は，法令及び規則等に直接定めはないものの倫理コードに照らして望ましくないものであると判断する事案又は望ましくないものに発展するおそれがあると判断する事案について，**自主的に協会に報告するものとされている。** |
| 説 明 義 務 | ① 協会が協会員の行動及び慣行に関する事案の発生及び存在を把握した場合，当該事案が法令及び規則等に直接定めはないものの，倫理コードに照らして**協会が望ましくないものであると判断するとき又は望ましくないものに発展するおそれがあると**判断するとき（以下「重大な事案」という）は，当該協会員に対し，説明を求めることができる。<br>② 協会員は，協会から重大な事案に係る説明を求められた場合，速やかに説明しなければならない。 |

## ■■ 協会が定めるモデル倫理コード ・・・・・・・・・・・・・・・・・

| | |
|---|---|
| モデル倫理コード | ① 社会規範及び法令等の遵守<br>② 利益相反の適切な管理<br>③ 守秘義務の遵守と情報の管理<br>④ 社会秩序の維持と社会的貢献の実践<br>⑤ 顧客利益を重視した行動<br>⑥ 顧客の立場に立った誠実かつ公正な業務の執行<br>⑦ 顧客に対する助言行為<br>⑧ 資本市場における行為<br>⑨ 社会的使命の自覚と資本市場の健全性及び信頼性の維持，向上 |

**問題1**　次の文章について，正しい場合は〇へ，正しくない場合は×の方
　　　　　へマークしなさい。

1　協会員の内部管理態勢を実効性のあるものとして機能させるために
　は，各役職員がそれぞれ健全な社会常識，職業倫理及び自己規律を認識
　して行動する必要がある。

2　協会員は，市場の門番（ゲートキーパー）としての役割が期待されて
　おり，金融・資本市場における他の参加者以上に，法令等遵守態勢及び
　内部管理態勢の整備や，役職員による不正行為の防止に向けた職業倫理
　の強化への取組みが求められている。

3　役職員のうち，外務員は，その所属する協会員に代わって，有価証券
　の売買その他の取引等に関し，一切の裁判上及び裁判外の行為を行う権
　限を有するものとされており，金融商品取引業に携わるプロフェッショ
　ナルとして，特に高い職業上の倫理観（職業倫理）を求められる。

4　倫理意識を保持し続けるためには，形式的な法令違反行為ではないと
　しても，利用者保護に悪影響が生じる行為ではないか，市場の公正性や
　透明性を害する行為ではないか，といったコンダクト・リスクの観点か
　ら自ら検証することが重要である。

＝＝＝＝＝＝＝＝＝　解　答　・　解　説　＝＝＝＝＝＝＝＝＝

**問題1**　解答：1 〇 ，2 〇 ，3 × ，4 〇
　　　　　解説：3は誤り。外務員は，その所属する協会員に代わって，有価
　　　　　　　　証券の売買その他の取引等に関し，<u>一切の裁判外の行為を行</u>
　　　　　　　　<u>う権限</u>を有するものとされている。

**問題2** 次の文章のうち，協会員が保有する「倫理コード」に関する記述のうち，正しいものはどれか。正しい記述に該当するものをイ〜ハから選んでいる選択肢の番号を一つマークしなさい。

イ 協会員は，有価証券の売買その他の取引等について，倫理コードを保有し，それを日本証券業協会に提出しなければならない。

ロ 協会員は，法令及び規則等に直接定めがないものの倫理コードに照らして望ましくないものであると判断する事案について，日本証券業協会からの要請があった場合，協会に報告するものとされている。

ハ 日本証券業協会が定めるモデル倫理コードでは，法令や規則に定めのないものであっても，社会通念や市場仲介者として求められるものに照らして疑義を生じる可能性のある行為については，自社の倫理コードに照らし，その是非について判断することとされている。

（選択肢）

1 正しいのはイ及びロのみであり，ハは正しくない。

2 正しいのはロ及びハのみであり，イは正しくない。

3 正しいのはイ及びハのみであり，ロは正しくない。

4 イ，ロ及びハすべて正しい。

解 答・解 説

**問題2** 解答：3

解説：ロは誤り。該当する事案については，<u>自主的に日本証券業協会に報告する。</u>

# 2

**共通**

# 顧客本位の業務運営に関する原則

重要度★★★★

## ▌▌ 金融事業者の本原則採択 ・・・・・・・・・・・・・・・・・・・・・・・・・・・・

| 方針の策定と運営 | 金融事業者が「顧客本位の業務運営に関する原則」を採択する場合は，顧客本位の業務運営を実現するための**明確な方針を策定し，当該方針に基づいて業務運営を行う**ことが求められ，本原則の一部を実施しない場合には，それを**「実施しない理由」**等を十分に説明することが求められるものとされている。 |
|---|---|

## ▌▌「顧客本位の業務運営に関する原則」 ・・・・・・・・・・・・・・・・・・・

| 各 原 則 | 1 | 顧客本位の業務運営に関する方針の策定・公表等 |
|---|---|---|
| | 2 | 顧客の最善の利益の追求 |
| | 3 | 利益相反の適切な管理 |
| | 4 | 手数料等の明確化 |
| | 5 | 重要な情報の分かりやすい提供 |
| | 6 | 顧客にふさわしいサービスの提供 |
| | 7 | 従業員に対する適切な動機づけの枠組み等 |

**問 題** 次の文章について，正しい場合は○へ，正しくない場合は×の方
　　　　ヘマークしなさい。

1　協会員を含む金融事業者が「顧客本位の業務運営に関する原則」を採
　択する場合は，顧客本位の業務運営を実現するための明確な方針を策定
　し，当該方針に基づいて業務運営を行うことが求められ，本原則を実施
　しない場合には，特に求められることはない。

2　「顧客本位の業務運営に関する原則」では，金融事業者は，取引にお
　ける顧客との利益相反の可能性について正確に把握し，利益相反の可能
　性がある場合には，当該利益相反を適切に管理すべきであるとされてい
　る。

3　「顧客本位の業務運営に関する原則」では，金融事業者は，高度の専
　門性と職業倫理を保持し，顧客に対して誠実・公正に業務を行い，金融
　事業者の最善の利益を図るべきであるとされている。

4　「顧客本位の業務運営に関する原則」は，協会員を含む金融事業者が
　顧客本位の業務運営におけるベスト・プラクティスを目指す上で有用と
　考えられる原則を定めるものである。

――――― 解 答 ・ 解 説 ―――――

解答：1×，2○，3×，4○

解説：1は誤り。本原則の一部を実施しない場合には，それを「実施しない理
　　　由」等を十分に説明することが求められるものとされている。
　　　　3は誤り。本原則の顧客の最善の利益の追求では，「金融事業者の最善
　　　の利益」ではなく，「顧客の最善の利益」を図るべきであるとされてい
　　　る。

# III 顧客口座の開設

# 顧客調査と顧客カードの整備

重要度★★★★

## ■ 顧客カードの整備 ・・・・・・・・・・・・・・・・・・・

| | |
|---|---|
| 顧 客 調 査 | 協会員は,有価証券の取引等に係る顧客管理の適正化を図るため,顧客調査に関する社内規則を制定し,これを役職員に遵守させなければならない。 |
| カードの整備 | 下記事項を記載した顧客カードを備え付けること(特定投資家を除く)。 |
| 記 載 事 項 | ①氏名又は名称,②住所又は所在地及び連絡先,③生年月日,④職業,⑤投資目的,⑥資産の状況,⑦投資経験の有無,⑧取引の種類,⑨顧客となった動機,⑩その他必要と認める事項。 |
| 守 秘 義 務 | 顧客カード等により知り得た**秘密を他に漏らしてはならない**。 |
| 顧 客 と 共 有 | ① 顧客カードに登録された顧客の投資目的・意向を**協会員と顧客の双方で共有**すること。<br>② 顧客の申出に基づき,顧客の投資目的・意向が変化したことを把握した場合には,**登録内容の変更を行い,変更後の登録内容を協会員と顧客の双方で共有**すること。 |

## ■ 内部者登録カードの整備 ・・・・・・・・・・・・・・・・・

| | |
|---|---|
| カードの整備 | 内部者取引の未然防止のため,顧客が「**上場会社等の役員等**」に該当する場合,**内部者登録カード**を備え付けなければならない。 |
| 記 載 事 項 | ①氏名又は名称　　　　　　②住所又は所在地及び連絡先<br>③生年月日　　　　　　　**④会社名,役職名及び所属部署**<br>**⑤上場会社等の役員等に該当することとなる上場会社等の名称及び銘柄コード** |
| 顧客カードと<br>兼　　　　用 | 顧客カードが,内部者登録カードの記載事項を満たしていれば,顧客カードと内部者登録カードを兼ねることができる。 |

| 管理体制の整備 | 内部者取引の未然防止に関する事項を定めた社内規則を制定する等，内部者取引に関する管理体制を整備しなければならない。 |

**問題** 次の文章について，正しい場合は○へ，正しくない場合は×の方へマークしなさい。

1 協会員は，有価証券の売買その他の取引等を行う顧客（特定投資家を除く）について，一定の事項を記載した顧客カードを備え付けるものとされている。

2 顧客カードに記載しなければならない事項には，「氏名又は名称」「経歴」「投資目的」「資産の状況」「投資経験の有無」「家族構成」「顧客となった動機」などが含まれる。

3 協会員は，顧客の申出に基づき，顧客の投資目的・意向が変化したことを把握した場合には，顧客カードの登録内容の変更を行うことで，この件に関する手続は完了する。

4 内部者登録カードに記載すべき事項として，「氏名又は名称」のほか，「会社名，役職名及び所属部署」「上場会社等の役員等に該当することとなる上場会社等の名称及び銘柄コード」などがある。

5 協会員は，内部者取引の未然防止のため，顧客が「上場会社等の役員等」に該当するときは，内部者登録カードを備え付けなければならない。

---

**解 答 ・ 解 説**

解答：1○，2×，3×，4○，5○

解説：2は誤り。「経歴」「家族構成」は含まれていない。

3は誤り。顧客カードの登録内容の変更を行い，変更後の登録内容を協会員と顧客の双方で共有することとされている。

共通

# 顧客の取引時確認

重要度★★★★★

■ 取引時確認 ・・・・・・・・・・・・・・・・・・・・・・・・・・・・・・・・・・・・・・

| 目　　　的 | マネー・ロンダリング，テロリズムに対する資金供与などを防止するため。 |
|---|---|
| 特定取引時の確認 | ① **本人特定事項**（氏名・住居・生年月日，法人の場合は名称・本店又は主たる事務所の所在地）。<br>② **取引を行う目的**。<br>③ **職業，法人の場合は事業の内容**。<br>④ 法人の場合，**実質的支配者**があるときは，その者の①。<br>⑤ 顧客の代理人や会社の代表者・取引担当者のように，現に特定取引の任に当たっている**代表者等**が顧客と異なるときは，顧客の取引時確認に加え，当該代表者等が顧客のために特定取引の任に当たっていると認められることを前提に，当該代表者等の①。なお顧客が国・地方公共団体・上場会社等の場合は代表者等が顧客のために特定取引の任に当たっていると認められることを前提に，当該代表者等につき①，人格のない社団又は財団の場合は代表者等の①，顧客の②及び③。 |
| 確認が必要な特定取引 | ① 顧客に有価証券を取得させる行為を行うことを内容とする契約の締結（取引の口座開設及び個別の取引の両方を指す）。<br>② 有価証券の貸借又はその媒介もしくは代理を行うことを内容とする契約の締結。<br>③ 現金等受払取引の金額が200万円を超えるもの。<br>④ 振替法の規定による社債等の振替を行うための口座の開設を行うことを内容とする契約の締結。<br>⑤ 保護預りを行うことを内容とする契約の締結　など。 |
| ハイリスク取引時の確認 | （200万円超の財産移転を伴う場合）<br>上記の取引時確認事項①～④に加えて**資産及び収入の状況**。<br>（次のハイリスク取引イに係る場合）<br>本人特定事項の確認は，**関連取引時確認を行った際に採った方法とは異なる方法により行うものとし**，資産及び収入の状況の確認は，疑わしい取引の届出を行うべき場合に該当するかどうかの判 |

| | |
|---|---|
| | 断に必要な限度で行うこと。 |
| 確認が必要な<br>ハイリスク<br>取　　引 | イ　その締結が特定取引に該当する契約に基づく取引で，次のいずれかに該当するもの。<br>　①　相手方が，その取引に関連する他の取引の際に行われた関連取引時確認に係る顧客又は代表者等に**なりすましている疑いがある**場合の取引。<br>　②　関連取引時確認が行われた際，当該関連取引時確認に係る事項を**偽っていた疑いがある**顧客（代表者等を含む）との取引。<br>ロ　イラン又は北朝鮮に居住し又は所在する顧客等との取引等。<br>ハ　外国PEPsとの取引。 |
| 確認の省略 | 既に取引時確認を行っていることを確認した取引（確認記録を作成及び保存している場合に限る）については，改めて取引時確認を行う必要はない（ただし，ハイリスク取引の場合は確認が必要）。 |
| 取引時確認等<br>の措置を的確<br>に行うために | 協会員は，取引時確認をした本人特定事項等に係る情報を最新の内容に保つための措置を講ずるほか，①使用人に対する教育訓練の実施，②規程の作成，③統括管理者の選任，④自らが行う取引の調査，分析，記録，情報収集，精査等，⑤法に規定するリスクの高い取引を行う際の統括管理者の承認，また，当該取引についての情報収集，整理，分析，記録，保存，⑥必要な能力を有する職員の採用，⑦監査の実施，等の措置を講ずるよう努めなければならない。 |

### ■■ 本人確認書類及び本人特定事項の確認方法 ・・・・・・・・・・・・・・

| | |
|---|---|
| 本　　人<br>確認書類 | イ　運転免許証，旅券（パスポート），在留カード，特別永住者証明書，個人番号カードなど。<br>ロ　（注）<br>ハ　健康保険証，国民年金手帳，特定取引等に使用した印鑑に係る印鑑登録証明書など。<br>ニ　戸籍謄本又は抄本，住民票の写しなど。<br>ホ　官公庁から発行された書類等で氏名，住居及び生年月日の記載があり，顔写真のないもの（個人番号の通知カードを除く）など。 |

（注） ロは，イに揚げるもののほか，官公庁から発行され，又は発給された書類その他これに類するもので，当該自然人の氏名，住居及び生年月日の記載があり，かつ，当該官公庁が当該自然人の写真を貼り付けたもの。

| 補完書類による確認 | 本人確認書類に記載されている住居・所在地が，現在のものでない又は記載がない場合，社会保険料，公共料金，国税・地方税の領収証書又は納税証明書などの補完書類（領収日付の押印などのあるもので，提示又は送付を受ける日前の6か月以内のものに限る）の提示か送付を受け，当該書類又はその写しを確認記録に添付する。 |
|---|---|
| 対面の取引時確認 | 1．上記イの顔写真付き本人確認書類の提示を受ける。<br>2．上記ハ，ニ，ホの本人確認書類については，以下の①〜③に規定する方法を行う。<br>　① 当該顧客等の本人確認書類の提示を受けるとともに，本人確認書類に記載されている顧客等の住居に取引関係文書を書留郵便等により転送不要郵便物等として送付する。<br>　② 上記ハの本人確認書類のいずれか2つの提示を受ける，又はハの書類及びロ，ニもしくはホの書類もしくは顧客等の現在の住居の記載がある補完書類の提示を受ける。<br>　③ 上記ハの本人確認書類の提示を受け，かつ，当該本人確認書類以外の本人確認書類もしくは顧客等の現在の住居の記載がある補完書類又はその写しの送付を受けて確認記録に添付する。<br>3．法人の場合は，登記事項証明書，印鑑登録証明書などの提示を受ける。 |

## ■ 確認記録と取引記録等の作成 ・・・・・・・・・・・・・・・・・・・

| 確認記録 | 協会員は，取引時確認を行った場合，直ちに，取引時確認を行った者の氏名，確認記録の作成者の氏名などの事項について確認記録を作成し，取引終了日及び取引時確認済み取引に係る取引終了日のうち後に到来する日から7年間保存しなければならない。 |
|---|---|
| 取引記録 | 協会員は，特定業務に係る取引を行った場合，直ちに，確認記録を検索するための事項，取引の期日及び内容，その他の事項に関する取引記録を作成し，当該取引が行われた日から7年間保存しなければならない。 |

## ▍疑わしい取引の届出 ・・・・・・・・・・・・・・・・・・・・・・・・

| | |
|---|---|
| 犯罪収益移転防止法（犯収法）の届出義務 | ① 業務を行うに当たり受け取った財産（現金や有価証券など）が一定の**犯罪行為から生じた財産**であるとの疑いがあるかどうかや，一定の犯罪行為から生じた財産を**隠匿**するなどの疑いがあるかどうかを判断する。<br>② ①の疑いがあるときは，**速やかに金融庁長官に届け出**なければならない。<br>③ 協会員及びその役職員は，届出をすること又はしたことを，届出に係る取引の相手方やその関係者に**漏らしてはならない**。 |
| 疑わしい取引の判断 | 犯収法では，取引時確認の結果，当該取引の態様その他の事情及び犯罪収益移転危険度調査書の内容を勘案し，かつ，施行規則の確認項目に従い，当該施行規則の確認方法により，疑わしい取引に該当するかどうかの判断を行わなければならない。 |
| 責任者の設置 | 協会の規則においても，協会員は，疑わしい取引の届出を行う責任者を定め，犯罪による収益の移転防止及びテロリズムに対する資金供与防止のための内部管理体制の整備に努めることとされている。 |

## ▍仮名取引の受託の禁止 ・・・・・・・・・・・・・・・・・・・・・・・

| | |
|---|---|
| 受託禁止 | ① 仮名取引であることを知りながら，その注文を受託することは禁止。<br>② 仮名取引の受託防止の観点から，受注手続を定めたマニュアル等により，仮名取引の受託を防止するための**社内体制の整備**が必要。<br>③ **口座名義人の配偶者や二親等内の血族である者**などから注文がなされた場合，その注文が仮名取引ではない蓋然性が高いことから，仮名取引の受託禁止の規定に違反するものとなる可能性は低いと考えられる。 |

**問題1**　次の文章について，正しい場合は○へ，正しくない場合は×の方へマークしなさい。

1　顧客から預かった財産が一定の犯罪行為から生じた財産であるとの疑いがあるときには，速やかに警察庁長官に届けなければならない。

2　口座名義人の配偶者が，名義人本人の取引に係る注文であることを明示して，発注した場合でも，本人名義の取引とみなすことができない。

3　顧客が口座の名義人になりすましている疑いがあったとしても，既に本人確認済みであるときは，改めて本人確認を行う必要はない。

4　取引時確認を行った場合の確認記録は，取引終了日から5年間保存しなければならない。

5　協会員は，取引時確認を行った場合，直ちに，取引時確認を行った者の氏名，確認記録の作成者の氏名などの事項について確認記録を作成しなければならない。

6　会社（上場会社を除く）の代表者が会社のために取引を行うというように，現に特定取引の任に当たっている自然人（代表者）が顧客と異なるときは，当該顧客の取引時確認に加え，当該代表者が顧客のために特定取引の任に当たっていると認められることを前提に，当該代表者についても本人特定事項の確認を行わなければならない。

## 解 答・解 説

**問題1**　解答：1×，2×，3×，4×，5○，6○

解説：1は誤り。金融庁長官に届けなければならない。

2は誤り。この注文が仮名取引ではない蓋然性が高いということから（その取引が仮名取引であることを知った場合を除き），口座名義人の配偶者であることの確認が行われているのであれば，本人名義の取引とみなすことができる。

3は誤り。顧客が口座の名義人になりすましている疑いがある場合，既に行った本人特定事項の確認方法とは異なる確認書類の提示等を求める必要がある。

4は誤り。取引終了日及び取引時確認済取引に係る取引終了日のうち後に到来する日から7年間保存しなければならない。

**問題2** 次の「顧客の本人確認書類」に関する記述のうち，正しいものは
どれか。正しいものをイ～ハから選んでいる選択肢の番号を一つ
マークしなさい。

イ 顧客が個人の場合，本人確認書類として運転免許証，旅券（パスポー
ト），個人番号カードなどの提示を受ける方法がある。

ロ 顧客が法人（国等を除く）の場合，本人確認書類として登記事項証明
書，印鑑登録証明書などの提示を受ける方法がある。

ハ 顧客が国や地方公共団体の場合，本人特定事項の確認を行う必要はな
い。

（選択肢）

1 正しいのはイのみであり，ロ及びハは正しくない

2 正しいのはロ及びハであり，イは正しくない

3 正しいのはイ及びロであり，ハは正しくない

4 イ，ロ及びハすべて正しい

解 答 ・ 解 説

**問題2** 解答：3

解説：ハは誤り。顧客が国，地方公共団体，上場会社等の場合，代
表者等（現に協会員との間の特定取引の任に当たっている自
然人）が当該顧客のために特定取引の任に当たっていると認
められることを前提に，当該代表者等につき本人特定事項の
確認を行うこととされている。

# 3 振替決済口座・保護預り口座の管理

共通・一部会員

重要度★★★

## ■ 振替決済口座契約

| 振替制度に基づく証券決済制度 | 有価証券の発行から償還（受渡）までのすべての過程を**振替制度**のもとで取り扱うことが可能となる証券決済制度が整備されている。 |
|---|---|
| 振替機関 | 国債……**日本銀行** |
| | 株式・一般債・投資信託等……㈱**証券保管振替機構** |
| 契約の締結 | 口座管理機関となる協会員は，振替機関の定める業務規程に基づき，顧客との間の権利義務関係を明確にするために，顧客との間で振替決済に関する一定の事項を定めた**振替決済口座契約の締結**が必要である。 |

## ■ 保護預り契約

| 契約の締結 | 協会員は，顧客から単純な寄託契約又は混合寄託契約により有価証券又は倉荷証券など寄託された商品に関して発行された証券・証書の寄託を受ける場合は，**保護預り契約を締結**しなければならない。 |
|---|---|
| 申込書の提出 | 顧客から**保護預り口座設定申込書の提出を受け**なければならない。 |
| 口座の設定と通知 | 協会員は，申込書を受け入れ，その申込みを承諾したときは，遅滞なくその口座を設定し，顧客にその旨を通知すること。 |
| 契約不要 | 累積投資契約及び常任代理人契約に基づく有価証券の寄託の場合など。 |
| 出納保管 | 顧客から単純な寄託契約又は混合寄託契約により寄託を受けた有価証券の出納保管は，すべてその口座により行わなければならない。 |

（注）　振替制度の対象となる有価証券は，保護預り契約の対象外である。

■ **会員** 株式ミニ投資約款に基づく契約・・・・・・・・・・・・・・・・・・・・・・

| 株式ミニ投資とは | 金融商品取引所が定める**1売買単位の10分の1単位**の株式の持ち分を取引単位とする売買取引をいう。 |
|---|---|
| 契約の締結 | 顧客と「**株式等振替決済口座管理約款に基づく株式の管理に関する契約**」及び「**株式ミニ投資約款に基づく取引契約**」を締結すること。 |

**問 題** 次の文章について，正しい場合は○へ，正しくない場合は×の方へマークしなさい。

1 協会員は，保護預り口座を設定した場合には，その顧客から単純な寄託契約又は混合寄託契約により寄託を受けた有価証券の出納保管は，すべてその口座により行わなければならない。

2 累積投資契約に基づく有価証券の寄託の場合は，保護預り契約を締結しなければならない。

3 **会員** 株式ミニ投資とは，金融商品取引所の定める1売買単位の10分の1単位の株式の持ち分を取引単位とする売買取引をいう。

4 協会員は，顧客から保護預り口座設定申込書を受け入れ，その申込みを承諾したときは，遅滞なくその口座を設定することによって，すべての手続が完了する。

5 口座管理機関となる協会員は，顧客との間の権利義務関係を明確にするために，顧客との間で振替決済に関する一定の事項を定めた振替決済口座契約の締結が必要である。

---

解 答 ・ 解 説

解答：1○，2×，3○，4×，5○

解説：2は誤り。この場合，保護預り契約を締結する<u>必要はない</u>。

4は誤り。遅滞なくその口座を設定し，<u>顧客にその旨を通知</u>するとされている。

# 4

## 共通
# 契約締結前交付書面・契約締結時交付書面の交付

重要度★★★★★

■ 契約締結前交付書面の交付 ・・・・・・・・・・・・・・・・・・・・・・

| | |
|---|---|
| 書面交付と説　　明 | ① 協会員は，金融商品取引契約を締結しようとするときは，あらかじめ顧客に対し，金融商品取引契約の概要，手数料やリスク等を記載した**契約締結前交付書面を交付**しなければならない。<br>② 顧客の知識，経験，財産の状況及び金融商品取引契約締結の目的に照らして，**顧客に理解されるために必要な方法及び程度による説明**をしなければならない。 |
| 例　　外 | ① 国内外の上場有価証券（カバードワラント等を除く）の売買等（デリバティブ取引及び信用取引等を除く）について，金融商品取引契約の締結前**1年以内**に包括的な書面（**上場有価証券等書面**）**を交付**している場合。<br>② 金融商品取引契約の締結前**1年以内**に，**同種の内容の契約**について契約締結前交付書面を交付済みの場合。<br>③ 目論見書が交付されている場合。<br>④ 既に成立している金融商品取引契約の一部を変更する契約を締結しようとする際に，契約締結前交付書面の記載内容に変更がないとき又は契約変更書面を交付している場合。<br>⑤ 次の契約を締結しようとする際，交付書面に記載すべき事項を，電子情報処理組織を使用して顧客の閲覧に供する方法により提供している場合。<br>　イ 上場有価証券等売買等に係る金融商品取引契約（上場有価証券等書面の交付を受けたことがある顧客に限る）。<br>　ロ 一定の有価証券取引に係る金融商品取引契約（同種の内容の契約締結前交付書面の交付を受けたことのある顧客に限る）。<br>⑥ 買い付けた有価証券の売付け，投資信託・外国投資信託の受益権の買取り，反対売買，累積投資契約による買付け等，投資信託受益証券等の収益金による同一銘柄の取得，ＭＲＦの売買等の場合。 |
| 特定投資家 | 契約締結前交付書面の交付は義務付けられていない。 |

| 書面の交付 | 協会員は，金融商品取引契約が成立したときは，遅滞なく，当該金融商品取引契約の内容等を記載した**契約締結時交付書面を作成し，顧客に交付**しなければならない。 |
|---|---|
| 例　　外 | ①　累積投資契約による買付け等，投資信託の収益金再投資等の場合。<br>②　選択権付債券売買取引，店頭デリバティブ取引，有価証券の引受け等の場合。<br>③　既に成立している金融商品取引契約の一部を変更する際に，契約締結時交付書面の記載事項に変更がない場合，又は変更事項記載書面を交付している場合。 |
| 特定投資家 | 契約締結時交付書面の交付は義務付けられていない。 |

次の文章について，正しい場合は○へ，正しくない場合は×の方
  へマークしなさい。

1  特定投資家についても，契約締結前交付書面及び契約締結時交付書面
  の交付が義務付けられている。

2  協会員は，金融商品取引契約が成立したときは，遅滞なく，当該金融
  商品取引契約の内容等を記載した契約締結時交付書面を作成し，顧客に
  交付しなければならない。

3  2年前に同種の内容の金融商品取引契約について契約締結前交付書面
  を交付している場合には，契約締結前交付書面を交付しなくともよい。

4  累積投資契約による買付けや，投資信託の収益金再投資の場合，契約
  締結時交付書面を作成し，顧客に交付しなければならない。

5  契約締結前交付書面及び契約締結時交付書面について，顧客の承諾が
  ある場合には，それぞれ記載すべき事項を所定の電磁的方法により顧客
  に提供することができる。

## 解 答 ・ 解 説

**解答**：1×，2○，3×，4×，5○

**解説**：1は誤り。「特定投資家（いわゆるプロ）」とは，その知識・経験・財産
  の状況から金融取引にかかる適切なリスク管理を行うことができる者
  で，行為規制の適用は必要ない（自力で投資判断できる者に無用な規制
  は必要ない）。そのため契約締結前交付書面及び契約締結時交付書面の
  交付は義務付けられていない。

  3は誤り。金融商品取引契約の締結前1年以内に同種の内容の契約につ
  いて契約締結前交付書面を交付している場合には，契約締結前交付書面
  を交付しなくともよい。

  4は誤り。これらの取引の場合，顧客に契約締結時交付書面を交付しな
  くてもよい。

**問題2** 次の文章のうち，正しいものはどれか。正しいものをイ～ハから選んでいる選択肢の番号を一つマークしなさい。

イ 協会員は，金融商品取引契約を締結しようとするときは，あらかじめ顧客に対し，金融商品取引契約の概要，手数料やリスク等を記載した契約締結前交付書面を交付すれば説明の必要はない。

ロ 金融商品取引契約を締結しようとするときに，目論見書を交付している場合又は目論見書の交付が不要とされている場合は，契約締結前交付書面を交付する必要はない。

ハ 特定投資家と取引をする場合は，契約締結時交付書面の交付が義務付けられていないが，顧客からの個別の取引に関する照会に対して速やかに回答できる体制が整備されていない場合は除かれる。

（選択肢）

1 正しいのはイ及びロであり，ハは正しくない。

2 正しいのはイ及びハであり，ロは正しくない。

3 正しいのはロ及びハであり，イは正しくない。

4 イ，ロ及びハすべて正しい。

 解 答 ・ 解 説

解答：3

解説：イは誤り。契約締結前交付書面を交付し，これらの事項について顧客の知識，経験，財産の状況及び金融商品取引契約を締結する目的に照らして当該顧客に理解されるために必要な方法及び程度による説明をしなければならない。

# 外国証券取引の開始

重要度★★★★

## ■ 外国証券の取引に関する契約 ・・・・・・・・・・・・・・・・・・・・・・・・

| 契約の締結 | 協会員は，顧客又は他の協会員から外国証券の取引の注文を受ける場合には，当該顧客又は他の協会員と**外国証券の取引に関する契約**を締結しなければならない。 |
|---|---|

## ■ 口座の開設 ・・・・・・・・・・・・・・・・・・・・・・・・・・・・・・・・・・・

| 約款の交付 | 上記の契約を締結しようとする場合，**外国証券取引口座に関する約款**を顧客に交付し，当該顧客からこの約款に基づく取引口座の設定に係る**申込み**を受けなければならない。 |
|---|---|
| 申込みの確認 | 約款に基づく取引口座の設定を申し込む旨を記載した申込書を顧客から受け入れる方法又はその他協会員が定める方法により，当該顧客から上記取引口座の設定に係る**申込みを受けた旨が確認できるようにしなければならない。** |
| 約款不要のケース | 協会員は，上記の契約を締結しようとする顧客に対し，既に約款を交付している場合で，当該顧客から改めて約款の交付を求める旨の申出がないときは，約款を交付する必要はない。 |

**問題** 次の文章のうち，正しいものはどれか。正しいものをイ～ハから選んでいる選択肢の番号を一つマークしなさい。

イ 協会員は，他の協会員から外国証券の取引の注文を受ける場合には，他の協会員と外国証券の取引に関する契約を締結する必要はない。

ロ 協会員は，外国証券の取引に関する契約を締結しようとするときは，外国証券取引口座に関する約款を顧客に交付し，当該顧客からこの約款に基づく取引口座の設定に係る申込みを受けなければならない。

ハ 協会員は，外国証券の取引に関する契約を締結しようとする顧客に対し，既に約款を交付している場合で，当該顧客から改めて約款の交付を求める旨の申出がないときは，約款を交付する必要はない。

（選択肢）

1 正しいのはイ及びロであり，ハは正しくない。

2 正しいのはイ及びハであり，ロは正しくない。

3 正しいのはロ及びハであり，イは正しくない。

4 イ，ロ及びハすべて正しい。

解 答 ・ 解 説

**解答**：3

**解説**：イは誤り。顧客又は他の協会員から外国証券の取引の注文を受ける場合には，外国証券の取引に関する契約を締結しなければならない。

# 店頭取引の開始

重要度★★★

## ■ 店頭取引と投資者保護 ・・・・・・・・・・・・・・・

| | |
|---|---|
| 店頭取引に関する規則 | 金融商品市場に上場されていない株券，新株予約権証券などの店頭取引を公正かつ円滑ならしめ，もって**投資者の保護**に資するための規則である。 |
| 取引開始基準 | 店頭取扱有価証券の取引を行うに当たり，**協会員は取引開始基準を定め**，その基準に適合した顧客との間で当該取引の契約を締結しなければならない。この基準は，顧客の投資経験や顧客からの預り資産，その他各協会員が必要と認める事項について，**各協会員が定めなければならない。** |

## ■ 店頭取引と投資勧誘 ・・・・・・・・・・・・・・・

| | |
|---|---|
| 投資勧誘 | 協会員は，一部を除き店頭有価証券の**投資勧誘を行ってはならない。** |
| 説明書の交付と説明 | ① **上場有価証券の発行会社が発行した店頭取扱有価証券（フェニックス銘柄等を除く）の投資勧誘を行おうとする場合**，当該株券等の概要，特徴などを記載した説明書を作成し，顧客に交付するとともに，その**内容を十分説明**しなければならない。<br>② **フェニックス銘柄を受注する場合**，当該銘柄の性格，取引のしくみ，取引方法，情報の周知方法，リスク等について記載した契約締結前交付書面を交付し，**十分説明**しなければならない。 |
| 確認書の徴求 | ① 協会員は，投資勧誘を行った結果，**店頭取扱有価証券や上場有価証券の発行会社が発行した店頭取扱有価証券（フェニックス銘柄等を除く）の取引を初めて行う顧客**に対し，店頭取扱有価証券の性格，取引のしくみ等について**十分説明**するとともに，顧客の判断と責任において当該取引を行う旨の確認を得るため，当該取引に関する**確認書を徴求**しなければならない。<br>② **フェニックス銘柄の取引を初めて行う顧客**には，顧客の判断と責任において当該取引を行う旨の確認を得るため，フェニックス銘柄の取引に関する**確認書を徴求**しなければならない。 |

## ■ 株主コミュニティに関する規則（グリーンシート銘柄制度に代わる取引制度）

| | |
|---|---|
| 勧　　誘 | 運営会員は，株主コミュニティ参加者以外の者に，当該銘柄の投資勧誘及び株主コミュニティへの参加の勧誘を行ってはならない。 |
| 確認書の徴　　求 | **初めて参加する投資者**には，金融商品取引行為についてのリスク，手数料等の内容を理解し，当該投資者の判断及び責任において当該取引を行う旨の確認を得るため，あらかじめ，**契約締結前交付書面に一定事項を含めた所定の書面を交付・説明**し，株主コミュニティ銘柄の店頭取引に関する**確認書を徴求**しなければならない。 |

**問　題**　次の文章について，正しい場合は○へ，正しくない場合は×の方
へマークしなさい。

1　協会員は，フェニックス銘柄を含む店頭有価証券の投資勧誘を行うことができる。

2　店頭取扱有価証券の売買その他の取引を行うにあたっては，協会の定める取引開始基準に適合した顧客との間で当該取引の契約を締結しなければならない。

3　フェニックス銘柄の取引を初めて行う顧客から，顧客の判断と責任において当該取引を行う旨の確認を得るため，確認書を徴求しなければならない。

4　店頭有価証券に関する規則は，我が国の法人が国内において発行する取引所金融商品市場に上場されていない株券，新株予約権証券などの店頭取引を公正かつ円滑ならしめ，もって投資者の保護に資するための規則である。

### 解 答 ・ 解 説

解答：1×，2×，3○，4○

解説：1は誤り。<u>原則として店頭有価証券の投資勧誘はできない</u>。ただし，いくつかの例外がある。例えば，①取扱会員や準取扱会員として指定された協会員によるフェニックス銘柄，②一定の条件の下に行われる上場有価証券の発行会社が発行した店頭取扱有価証券（フェニックス銘柄等を除く）など。

　2は誤り。<u>取引開始基準</u>は，協会ではなく<u>各協会員が定める</u>。

# 7

**共通・一部会員**

# 信用取引その他の取引の開始

重要度★★★★★

（注）　**共通**　有価証券関連デリバティブ取引等，特定店頭デリバティブ取引等及び商品関連市場デリバティブ取引取次ぎ等

　　　　**会員**　信用取引，新株予約権証券（ワラント）取引及びカバードワラント取引

---

## ■ **共通・一部会員** 取引開始基準 ・・・・・・・・・・・・・・・・・・・・

| 取　　引 | 信用取引，新株予約権証券（ワラント）取引，有価証券関連デリバティブ取引等，特定店頭デリバティブ取引等，商品関連市場デリバティブ取引取次ぎ等 |
|---|---|

協会員は，**取引開始基準を定め**，その基準に適合した顧客との間で契約を締結しなければならない。この基準は，顧客の投資経験や顧客からの預り資産その他各協会員が必要と認める事項について，**各協会員が定めなければならない。**

---

## ■ **共通・一部会員** 確認書の徴求 ・・・・・・・・・・・・・・・・・・・・

| 取　　引 | 新株予約権証券（ワラント）取引，カバードワラント取引，有価証券関連デリバティブ取引等，特定店頭デリバティブ取引等，商品関連市場デリバティブ取引取次ぎ等 |
|---|---|

協会員は，顧客とこれらの契約を初めて締結しようとするときは，契約締結前交付書面等に記載された金融商品取引行為についてのリスク，手数料等の内容を理解し，顧客の判断と責任において当該取引を行う旨の確認を得るため，当該顧客から当該取引に関する**確認書を徴求**すること（特定投資家を除く）。

---

## ■ **会員** 信用取引 ・・・・・・・・・・・・・・・・・・・・・・・・・・

| 口座設定約諾書 | ①　上場銘柄の場合は，**金融商品取引所が定める信用取引口座設定約諾書**に所定事項を記載させ，これに署名又は記名押印させて受け入れること。<br>②　PTS信用取引の場合は，当該約諾書に加え，**PTS信用取引に係る合意書の差入れ**を受け入れること。 |
|---|---|

| 意向の確認 | 信用取引の注文を受ける際は、その都度、制度信用取引、一般信用取引の別等について、**顧客の意向を確認**しなければならない。 |

**問題** 次の文章について、正しい場合は○へ、正しくない場合は×の方
へマークしなさい。

1 **会員** 協会員は、顧客から信用取引の注文を受ける際は、その都度、
制度信用取引、一般信用取引の別等について、当該顧客の意向を確認し
なければならない。

2 **会員** 協会員は、顧客が上場銘柄の信用取引口座を設定しようとする
場合、信用取引を執行する金融商品取引所が定める様式による信用取引
口座設定約諾書に所定事項を記載させ、これに署名又は記名押印させ
て、受け入れなければならない。

3 **会員** 協会員は、信用取引を行うにあたっては、協会の定める取引開
始基準に適合した顧客との間で信用取引の契約を締結しなければならな
い。

4 **共通** 協会員は、有価証券関連デリバティブ取引等、特定店頭デリバ
ティブ取引等、商品関連市場デリバティブ取引取次ぎ等を行うにあたっ
ては、それぞれ取引開始基準を定め、当該基準に適合した顧客との間
で、当該取引等の契約を締結しなければならない。

5 **共通** 協会員は、有価証券関連デリバティブ取引等、特定店頭デリバ
ティブ取引等又は商品関連市場デリバティブ取引取次ぎ等の契約を初め
て締結しようとするときは、顧客が当該契約に係る契約締結前交付書面
等に記載された金融商品取引行為についてのリスク、手数料等の内容を
理解し、顧客の判断と責任において当該取引等を行う旨の確認を得るた
め、当該顧客から当該取引等に関する確認書を徴求するものとされてい
る。

## 解 答 ・ 解 説

解答：1○、2○、3×、4○、5○
解説：3は誤り。取引開始基準は、各協会員が定める。

# 8

**共通**

# 選択権付債券売買取引（債券店頭オプション取引）の開始

重要度★★★

## ▌▌ 選択権付債券売買取引（債券店頭オプション取引）とは ・・・・・・・・

| し　く　み | 当事者の一方が受渡日を指定できる権利（選択権（オプション））を有する債券売買取引であって，行使期間内に受渡日の指定が行われない場合には，当該取引の契約が解除されるもの。 |
|---|---|

## ▌▌ 選択権付債券売買取引（債券店頭オプション取引）の手順 ・・・・・・・

| 取引開始基準 | **取引開始基準を定め，**当該基準に適合していない顧客との間で選択権付債券売買取引を行ってはならない。この基準は，顧客の投資経験や顧客からの預り資産その他各協会員が必要と認める事項について，**協会員の規模，営業の実情に応じて定めること。** |
|---|---|
| 説明書の交付 | 協会員は，あらかじめ顧客に対し，取引の概要，取引に係る損失の危険に関する事項及び顧客の注意を喚起すべき事項を記載した**説明書を交付し，十分説明**すること（特定投資家を除く）。 |
| 確認書の徴求 | 顧客と選択権付債券売買取引を開始するにあたっては，顧客の判断と責任において当該取引を行う旨の確認を得るため，当該取引に関する**確認書を徴求**すること（特定投資家を除く）。 |
| 契 約 の 締 結 | 協会員は，あらかじめ「選択権付債券売買取引に関する**基本契約書**」を締結するとともに，当該契約書を整理及び保管しなければならない。そして，個別の約定が成立した都度「選択権付債券売買取引に関する基本契約書に係る**個別取引契約書**」（以下「個別取引契約書」という）を締結しなければならない。ただし，「選択権付債券売買取引に関する基本契約書に係る**合意書**」を取り交わした場合，「選択権付債券売買取引に関する基本契約書に係る**個別取引明細書**」の交付をもって「個別取引契約書」の締結に代えることができる。 |

**問題** 次の文章のうち，正しいものはどれか。正しいものをイ〜ハから選んでいる選択肢の番号を一つマークしなさい。

イ　選択権付債券売買取引については，取引開始基準を定め，当該基準に適合していない顧客との間で当該取引を行ってはならない。

ロ　選択権付債券売買取引にあたっては，すべての顧客に対し，説明書の交付と確認書の徴求を行わなければならない。

ハ　選択権付債券売買取引の開始にあたっては，協会員は，あらかじめ顧客との間で「選択権付債券売買取引に関する基本契約書」を締結するとともに，当該契約書を整理及び保管しなければならない。

（選択肢）

1　正しいのはイ及びロであり，ハは正しくない。

2　正しいのはイ及びハであり，ロは正しくない。

3　正しいのはロ及びハであり，イは正しくない。

4　イ，ロ及びハすべて正しい。

解 答 ・ 解 説

**解答**：2

**解説**：ロは誤り。顧客が特定投資家である場合は，説明書の交付と確認書の徴求は必要ない。

# トークン化有価証券の取引の開始

重要度★★★

## ■■ トークン化有価証券とは ・・・・・・・・・・・・・・・・・・・・・

| しくみ | 有価証券のうち，電子記録移転有価証券表示権利等に該当するもの。電子記録移転有価証券表示権利等とは，ブロックチェーン技術等による電子情報処理組織を用いて権利の移転・記録が行われるものをいう。 |
|---|---|

## ■■ トークン化有価証券の取引の手順 ・・・・・・・・・・・・・・・

| 取引開始基準 | トークン化有価証券の取引を行うには，**取引開始基準を定め**，当該基準に適合した顧客との間でその取引の契約を締結しなければならない。この基準は，顧客の投資経験や顧客からの預り資産その他協会員が必要と認める事項について，**各協会員が定めなければならない。** |
|---|---|
| 確認書の徴求 | 取引の契約を初めて締結しようとするときは，顧客が重要な事項の内容を理解し，当該顧客の判断と責任において当該取引を行う旨の確認を得るため，当該取引に関する**確認書を徴求**すること（特定投資家を除く）。 |

**問題** 次の文章のうち，正しいものはどれか。正しいものをイ～ハから選んでいる選択肢の番号を一つマークしなさい。

イ　トークン化有価証券とは，有価証券のうち，電子記録移転有価証券表示権利等に該当するものをいう。

ロ　トークン化有価証券の売買その他の取引を行うには，各協会員の定める取引開始基準に適合した顧客との間でその取引の契約を締結しなければならない。

ハ　顧客とトークン化有価証券の売買その他の取引の契約を初めて締結しようとするときは，あらかじめ顧客に対し，重要な事項の内容を記載した説明書を交付するものとされている。

（選択肢）

1　正しいのはイ及びロであり，ハは正しくない。

2　正しいのはイ及びハであり，ロは正しくない。

3　正しいのはロ及びハであり，イは正しくない。

4　イ，ロ及びハすべて正しい。

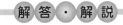

解 答 ・ 解 説

**解答**：1

**解説**：トークン化有価証券の売買その他の取引（顧客の計算による信用取引以外の売付けを除く）の契約を初めて締結しようとするときは，顧客が重要な事項の内容を理解し，当該顧客の判断と責任において当該取引を行う旨の確認を得るため当該顧客から当該取引に関する確認書を徴求するものとされている。あらかじめ説明書を交付するとはされていない。

## 10 会員 取引一任勘定取引の開始・管理

重要度★★★

### ■ 取引一任勘定取引とは・・・・・・・・・・・・・・・・・・・・・・・・・・・・・

| 取引一任 | 有価証券の売買等の受託に際して，売買の別，銘柄，数，価格のうち一部を，顧客から一任されて行う取引を指す。 |
|---|---|

### ■ 具体例・・・・・・・・・・・・・・・・・・・・・・・・・・・・・・・・・・・・・・

| 数・価格を協会員が定める | 関係外国金融商品取引業者から売買の別及び銘柄について同意を得たうえで，**数及び価格については，協会員が定めることができる**契約に基づく取引。 |
|---|---|
| 売買の別・銘柄・数・価格を協会員が定める | 関係外国金融商品取引業者の計算による取引に関し，**売買の別，銘柄，数及び価格について協会員が定めることができる取引一任契約**に基づく取引であって，当該契約成立前に一定の事項を所管金融庁長官等に届け出ているもの。 |
| 一定の範囲内で価格を協会員が定める | 顧客から売買の別，銘柄及び数について同意を得たうえで，価格については，適切な幅を持たせた同意（特定同意）の範囲内で協会員が定めることができる契約に基づく取引。 |
| 数又は価格のいずれか一方を協会員が定める | 顧客から売買の別，銘柄及び個別の取引の総額並びに数又は価格（特定同意を含む）の一方について同意を得たうえで，他方については，協会員が定めることができる契約に基づく取引。 |
| 資金総額について同意（いわゆるシステム売買） | 顧客から資金総額について同意を得たうえで，売買の別，銘柄，数及び価格のうち同意が得られないものについては，一定の事実が発生した場合に電子計算機による処理その他のあらかじめ定められた方式に従った処理により決定され，協会員がこれらに従って取引を執行する契約（**書面等による締結**）に基づく取引。 |
| 価格を協会員が定める（役職員の親族との取引） | 当該協会員の役職員の親族から，売買の別，銘柄及び数について同意を得たうえで，価格については当該協会員が定めることができる契約に基づく取引。 |

（注）関係外国金融商品取引業者とは，外国の法令に準拠し，外国において第一種金融商品取引業又は第二種金融商品取引業を行う法人等であって，当該協会員の子会社や親会社などに当たるもの。

## ■ 社内管理体制の整備 ・・・・・・・・・・・・・・・・・・・

| あらかじめ 整 備 | 協会員は，取引一任勘定取引を行う行為が投資者の保護に欠け，取引の公正を害し，又は金融商品取引業の信用を失墜させることを防止するため，**十分な社内管理体制をあらかじめ整備**しておかなければならない。 |
| --- | --- |

**問題** 次の文章について，正しい場合は○へ，正しくない場合は×の方へマークしなさい。

1 協会員は，取引一任勘定取引が投資者の保護に欠け，取引の公正を害し，又は金融商品取引業の信用を失墜させることを防止するため，担当営業員に十分な指導を行わなければならない。

2 取引一任勘定取引においては，顧客から売買の別，銘柄及び数について同意を得たうえで，価格については，すべて当該協会員が定めることができることを内容とする契約に基づき有価証券の売買を行うことができる。

3 資金総額，売買の別，銘柄，数及び価格等すべてについて，協会員が定めることができることを内容とする契約は，取引一任勘定取引に該当する。

## 解 答 ・ 解 説

解答：1×，2×，3×

解説：1は誤り。<u>十分な社内管理体制をあらかじめ整備しておかなければならない。</u>

2は誤り。この場合，価格については，<u>当該同意の時点における相場を考慮して適切な幅を持たせた同意の範囲内で当該協会員が定める</u>ことができることを内容とする契約に基づき有価証券の売買を行うことができる。

3は誤り。顧客からすべてを一任される取引は，取引一任勘定取引の<u>具体例にない</u>。

共通
# 信託勘定取引の適正な管理

重要度★★★

■■ 信託勘定取引 ・・・・・・・・・・・・・・・・・・・・・・・・・・・・

| 適正な管理 | 協会員は，**信託契約（特定金銭信託及び特定金外信託契約を含む）に基づく勘定を利用した取引**を的確に把握し，その適正な管理に努めなければならない。 |
|---|---|
| 信託とは | 委託者（顧客）が一定の目的に従って，受託者（信託銀行など）に財産を移転し，財産の運用・管理を行ってもらう制度。<br>このうち当初顧客が金銭の形で運用・管理を委ねるものを金銭の信託という。 |

■■ 金銭の信託の分類 ・・・・・・・・・・・・・・・・・・・・・・・・・

| 金銭信託 | | 契約終了時に受託者が委託者に対して信託財産を**金銭で交付。** |
|---|---|---|
| | 特定金銭信託 | 委託者が投資対象（株式の場合であれば，銘柄・株数・単価・売買の別）を特定し，**受託者に裁量の余地がないもの。** |
| | 指定金銭信託 | 委託者が運用方法や運用対象を概括的に指定し，具体的な運用方法や運用対象については，**受託者の裁量**によって決定されるもの。 |
| 金銭信託以外の金銭の信託（金外信託） | | 契約終了時に受託者が委託者に対して信託財産を**そのままの形で交付。** |
| | 特定金外信託 | 委託者が投資対象を特定し，**受託者に裁量の余地がないもの。** |
| | 指定金外信託（ファンドトラスト） | 委託者が運用方法や運用対象を概括的に指定し，具体的な運用方法や運用対象については，**受託者の裁量**によって決定されるもの。 |

**問　題**　次の文章について，正しい場合は○へ，正しくない場合は×の方
へマークしなさい。

1　金銭信託の場合，契約終了時に受託者が委託者に対して信託財産をそ
のままの形で交付する。

2　金銭信託以外の金銭の信託（金外信託）の場合，契約終了時に受託者
が委託者に対して信託財産を金銭で交付する。

3　指定金銭信託の場合，委託者が投資対象を特定し，受託者に裁量の余
地がない。

4　特定金銭信託は，委託者が投資対象を特定し，受託者に裁量の余地が
なく，契約終了時には，受託者が委託者に対して信託財産を金額で交付
することになっている。

5　指定金外信託（ファンドトラスト）の場合，委託者が運用方法や運用
対象を概括的に指定し，具体的な運用方法や運用対象については，受託
者の裁量によって決定される。

## 解　答　・　解　説

**解答：**1×，2×，3×，4○，5○

**解説：**1は誤り。契約終了時に受託者が委託者に対して<u>信託財産を金銭で交付</u>
する。

2は誤り。契約終了時に受託者が委託者に対して<u>信託財産をそのままの
形で交付</u>する。

3は誤り。委託者が運用方法や運用対象を概括的に指定し，<u>具体的な運
用方法や運用対象</u>については，<u>受託者の裁量</u>によって決定するものであ
る。

# IV 投資勧誘の管理

# 1

# 誠実・公正の原則／自己責任原則の周知と説明義務

重要度★★★★★

## ■ 誠実・公正の原則 ・・・・・・・・・・・・・・・・・・・・・・・・

| 原　　則 | 協会員及びその役職員は，顧客に対して**誠実かつ公正**に，その業務を遂行しなければならない。 |

## ■ 自己責任原則の周知 ・・・・・・・・・・・・・・・・・・・・・・

| 基本原則 | 投資は，投資者自身の判断と責任において行うべきであるとの考え方をいい，取引における基本原則の 一 つである。 |
| 周　　知 | 投資勧誘にあたっては，顧客に対し**自己責任原則を理解**させること。 |

## ■ 説明義務 ・・・・・・・・・・・・・・・・・・・・・・・・・・・

| 契約締結前の　説　明 | ① 金融商品の概要，手数料その他の対価，市場リスクや信用リスク，元本を上回る損失が生ずるおそれなど。<br>② 金融商品取引のしくみを原因として元本欠損が生じるおそれがある場合又は当初元本を上回る損失が生じるおそれがある場合にはその旨，当該おそれを生じさせる金融商品の販売に係る取引のしくみのうち重要な部分。<br>③ 金融商品に係る権利行使や契約解除ができる期間の制限。<br>以上①～③など，**顧客の判断に影響を及ぼす重要事項につき，あらかじめ契約締結前交付書面等を交付して説明**しなければならない。 |
| 理解させるための説明 | ① この説明は顧客の知識，経験，財産の状況及び投資目的に照らして，当該**顧客に理解されるために必要な方法及び程度**によるものでなければならない。<br>② 単に契約締結前交付書面等を交付しただけでは，説明義務を果たしたことにはならない。 |

**問題1** 次の文章について，正しい場合は○へ，正しくない場合は×の方
ヘマークしなさい。

1 自己責任原則とは，投資は投資者自身の判断と責任において行うべき
であるとの考え方である。

2 契約締結前交付書面等を交付することによって，説明義務を果たした
ことになる。

**問題2** 次の文章のうち，「契約締結前に説明しなければならない」とされ
る事項に該当するものはどれか。該当するものをイ～ハから選ん
でいる選択肢の番号を一つマークしなさい。

イ 金融商品の概要，手数料その他の対価，市場リスクや信用リスク，元
本を上回る損失が生ずるおそれ。

ロ 金融商品取引のしくみを原因として元本欠損が生じる場合には，その
しくみのうち重要な部分。

ハ 金融商品に係る権利行使や契約解除ができる期間の制限。

(選択肢)

1 該当するのはイ及びロであり，ハは該当しない。

2 該当するのはイ及びハであり，ロは該当しない。

3 該当するのはロ及びハであり，イは該当しない。

4 イ，ロ及びハすべて該当する。

---

◆ 解 答 ・ 解 説 ◆

**問題1** 解答：1○，2×

解説：2は誤り。単に契約締結前交付書面等を交付しただけでは，
説明義務を果たしたことにはならない。説明は顧客の知識，
経験，財産の状況及び投資目的に照らして，当該顧客に理解
されるために必要な方法及び程度によるものでなければなら
ない。

**問題2** 解答：4

# 適合性原則に基づく投資勧誘

重要度★★★★★

## ■ 適合性原則に基づく投資勧誘 ・・・・・・・・・・・・・・

| 意　　　義 | 顧客の知識，経験，財産状況及び金融商品取引契約を締結する目的に照らして不適当と認められる勧誘を行ってはならない。 |
|---|---|
| 投 資 勧 誘 | 顧客の投資経験，投資目的，資力等を十分に把握し，**顧客の意向と実情に適合した投資勧誘**を行わなければならない。 |

## ■ 合理的根拠適合性 ・・・・・・・・・・・・・・・・・・・

| 意　　　義 | 協会員にとって，新たな有価証券等の販売又は取引を行うにあたっては，当該有価証券等の特性やリスクを十分に把握し，**当該有価証券等に適合する顧客が想定できないものは販売してはならない。** |
|---|---|

## ■ 高齢顧客に対する勧誘による販売の留意点 ・・・・・・・・・

| 慎 重 な 対 応 | 一般的に，高齢者は過去の投資経験が十分であったとしても，短期的に記憶力や理解力が低下する場合があり，適合性の原則に基づいて**慎重な対応を要する。** |
|---|---|
| 高 齢 顧 客 ガイドライン | 協会員は，高齢顧客ガイドラインに基づき，一定の**高齢顧客取引に関する基準を内部規程（社内規則）として定め**，これを遵守しなければならない。 |
| 社 内 規 則 | 以下の規定を含む社内規則を制定すること。<br>① 高齢者の定義（75歳以上の顧客を目安とし，より慎重な勧誘による必要がある顧客としては80歳以上を目安とする。）<br>② 高齢顧客に勧誘可能な商品の範囲と「勧誘留意商品」の販売方法。<br>③ 勧誘場所や勧誘方法 など。 |

| （確認事例）<br>高齢顧客（75歳以上）への「勧誘留意商品」の勧誘 | 「勧誘留意商品」を勧誘する場合には，**勧誘の都度，役席者による事前の承認を得ることを原則とし**，その際，担当営業員からの申告だけで判断するのではなく，**役席者自身による面談や電話での会話により，下記事項を確認**することが必要である。<br>① 健康状態に問題はないか。<br>② 会話がかみ合うか。<br>③ 理解力に問題はないか（金融商品に関する理解度）。<br>④ 投資意向はどうか　など。 |
|---|---|
| （確認事例）<br>高齢顧客（80歳以上）への「勧誘留意商品」の勧誘 | 「勧誘留意商品」を勧誘により販売する場合，**原則として，勧誘した当日は受注せず，翌日以降に担当営業員以外の役席者が受注するルールを策定**するものとし，**約定後の連絡は勧誘を行った担当営業員以外の者が行い**，当該高齢顧客の認識を確認すべきものとされている。 |

## ■■ 店頭デリバティブ取引・複雑な仕組債等の投資勧誘に関する留意点 ・・・

| 勧誘開始基準 | 個人顧客（特定投資家を除く）に対し，次の商品の販売ごとに**勧誘開始基準を定め**，当該基準に適合した者でなければ，**当該販売の勧誘を行ってはならない**。<br>① 店頭デリバティブ取引に類する複雑な仕組債に係る販売<br>② 店頭デリバティブ取引に類する複雑な投資信託に係る販売<br>③ レバレッジ投資信託に係る販売　など。 |
|---|---|
| 不招請勧誘の禁止 | これらの取引に係る勧誘の要請をしていない顧客（特定投資家を除く）に対して，**訪問し又は電話をかけて勧誘する行為は禁止**されている。 |
| 注意喚起文書の交付 | これらの有価証券等の販売に係る契約を締結しようとするときは，あらかじめ，当該顧客に対し**注意喚起文書を交付**し，その内容について顧客の知識，経験，財産の状況及び契約を締結する目的に照らして**顧客に理解されるために必要な方法及び程度による説明**を行わなければならない。 |
| 確認書の徴求 | これらの取引の契約を**初めて**締結しようとするときは，金融商品取引行為についてのリスク，手数料等の内容を理解し，当該**顧客の判断と責任において当該取引等を行う旨の確認**を得るため，**確認書を徴求**する必要がある。 |

## ■■ 投資勧誘に際しての主なチェックポイント ・・・・・・・・・・・・・・・・

　以下は，内部管理統括責任者等が指導・監督の際に徹底すべきチェックポイント。

| 明確な説明 | 売買取引のしくみやその手続並びに取引に係る手数料等について，**十分説明**しているか。特に信用取引又は先物取引等を行う顧客に対しては，そのしくみ等をよく説明し理解させているか。 |
|---|---|
| 適合した勧誘 | ① 認知症や高齢等の要因により**判断能力が著しく減退**していることが疑われる顧客に勧誘を行っていないか。<br>② 顧客の投資目的，資力等からみて，**適当でない銘柄又は過当な数量，頻度の投資勧誘**を行っていないか。 |
| 公正な情報 | 顧客に対し提供する情報に虚偽はないか。事実の一部のみを強調し，誇大な表現を用いるなど，**顧客に誤解を生じさせる**ようなものはないか。 |
| 顧客の判断 | 注文は，**すべて顧客自身の判断と責任**に基づき，その指示により行われるものであることを，顧客によく徹底させているか。 |
| 公正な取引 | ① 顧客に対し，**損失補償**を約束し，又は利益の追加を行って勧誘していないか。<br>② 特別な利益の提供を約束して勧誘を行っていないか。<br>③ 相場操縦等不正な取引となることを知りながら受注していることはないか。 |

**問題1** 次の文章について，正しい場合は○へ，正しくない場合は×の方へマークしなさい。

1 協会員等は，十分な説明をし，理解が得られるならば，すべての利用者に対して，すべての商品の販売・勧誘を行うことができる。

2 顧客の投資経験，投資目的，資力等を十分に把握し，顧客の意向と実情に適合した投資勧誘を行わなければならない。

3 有価証券の売買取引等の注文は，すべて顧客自身の判断と責任に基づきその指示により行われるものであることを，顧客に徹底させなければならない。

4 一般的に高齢者は，過去の投資経験が十分であったとしても，短期的に記憶力や理解力が低下する場合があり，適合性の原則に基づいて慎重な対応を要する。そのため，協会員は，協会が定める「高齢顧客ガイドライン」を遵守しなければならない。

5 協会員は，相場操縦等不正な取引となることを知りながら受注してはならない。

解 答 ・ 解 説

**問題1** **解答**：1×，2○，3○，4×，5○

**解説**：1は誤り。適合性原則を遵守するという面から，例えば，取引開始基準に適合しない場合には，当該商品の販売・勧誘を行ってはならない。

4は誤り。協会員は高齢顧客取引に関する基準（ガイドライン）を内部規程として定めなければならない。

**問題2** 次の文章のうち，「投資勧誘に際してのチェックポイント」とされる事項に該当するものはどれか。該当するものをイ～ハから選んでいる選択肢の番号を一つマークしなさい。

イ 顧客の投資目的，資力等からみて，適当でない銘柄又は過当な数量，頻度の投資勧誘を行っていないか。

ロ 顧客に対し提供する情報に虚偽のものはないか。また，事実の一部のみを強調し，誇大な表現を用い，重要な事項についての表示を欠く等により重要な事項について顧客に誤解を生じさせるようなものはないか。

ハ 投資勧誘にあたって有価証券の価格等が騰貴し又は下落することの断定的な判断を提供していないか。

（選択肢）

1 該当するのはイ及びロであり，ハは該当しない。

2 該当するのはイ及びハであり，ロは該当しない。

3 該当するのはロ及びハであり，イは該当しない。

4 イ，ロ及びハすべて該当する。

解 答 ・ 解 説

**問題2** 解答：4

**問題3** 次の文章のうち，「高齢者顧客ガイドライン」に関する記述として正しいものはどれか。正しいものをイ～ハから選んでいる選択肢の番号を一つマークしなさい。

イ　75歳以上の高齢者に「勧誘留意商品」を勧誘する場合には，勧誘の都度，役席者による事前の承認を得ることを原則とする。

ロ　80歳以上の高齢者に「勧誘留意商品」を勧誘により販売する場合，原則として，勧誘した当日は受注せず，翌日以降に担当営業員以外の役席者が受注することとされている。

ハ　80歳以上の高齢者への「勧誘留意商品」の販売にかかる約定について，約定後の連絡は勧誘を行った担当営業員が行い，当該高齢顧客の認識を確認しなければならない。

（選択肢）

1　正しいのはイ及びロであり，ハは正しくない。
2　正しいのはイ及びハであり，ロは正しくない。
3　正しいのはロ及びハであり，イは正しくない。
4　イ，ロ及びハすべて正しい。

**問題3**　解答：1

解説：ハは誤り。約定後の連絡は勧誘を行った<u>担当営業員以外の者が行い</u>，当該高齢顧客の認識を確認すべきものとされている。

# 3

# 金商法における特定投資家制度

重要度★★★

## ■ 金融商品取引法における特定投資家 ・・・・・・・・・・・・・・・・・

| 特　徴 | 投資家を「**特定投資家**（いわゆるプロ）」と「**一般投資家**（いわゆるアマ）」に区分し，特定投資家との取引等においては，一定の行為規制を適用しないこととし，**規制の柔軟化**が図られている。 |
|---|---|

## ■ 投資家の区分 ・・・・・・・・・・・・・・・・・・・・・・・・・・・

| ①特定投資家（一般投資家への移行不可） | ・適格機関投資家<br>・国<br>・日本銀行 |
|---|---|
| ②特定投資家（選択による一般投資家への移行可能） | ・特殊法人及び独立行政法人<br>・投資者保護基金，預金保険機構など<br>・資産流動化法に規定する特定目的会社<br>・取引状況等から資本金が5億円以上と見込まれる株式会社<br>・金融商品取引所上場株券の発行会社<br>・金融商品取引業者など<br>・外国法人 |
| ③一般投資家（選択による特定投資家への移行可能） | ・上記①②以外の法人<br>・次のいずれかの個人（適格機関投資家を除く）<br>　イ）出資額3億円以上の匿名組合の営業者，民法組合の業務執行組合員等。<br>　ロ）取引状況から純資産額3億円以上，かつ，有価証券等の金融資産が3億円以上と見込まれる個人。 |
| ④一般投資家 | （特定投資家への移行不可）<br>・適格機関投資家及び上記③以外の個人 |

■ 特定投資家に対する行為規制の適用除外 ・・・・・・・・・・・・・・・・・

| 規制内容の 柔 軟 化 | 特定投資家制度は，利用者保護とリスクキャピタル供給の円滑化を両立させるために，特定投資家の保護は**行政規制ではなく市場規律に委ねる**という規制内容の柔軟化が図られている。 |
| --- | --- |

**問題** 次の文章について，正しい場合は○へ，正しくない場合は×の方へマークしなさい。

1　特定投資家との取引においては，協会員に対して特に厳しい行為規制が適用される。

2　投資家は，特定投資家（いわゆるプロ）と一般投資家（いわゆるアマ）に区分される。

3　特定投資家制度では，特定投資家の保護は行政規制ではなく市場規律に委ねるという規制内容の柔軟化が図られている。

4　特定投資家に対する主な行為規制の適用除外として，クーリングオフ，不招請勧誘の禁止，契約締結前交付書面に関する説明義務などがある。

5　契約締結前交付書面の交付義務や契約締結時交付書面の交付義務などは，特定投資家に対しても適用される。

解 答 ・ 解 説

解答：1×，2○，3○，4○，5×

解説：1は誤り。特定投資家との取引等においては，協会員に対する行為規制を適用しない場合があるなど，<u>規制の柔軟化</u>が図られている。

5は誤り。契約締結前交付書面の交付義務や契約締結時交付書面の交付義務は，特定投資家に対する行為規制として適用除外される。

# 4

**共通**

# 契約締結前交付書面の交付と実質的説明義務

重要度 ★★★★★

## ■ 契約締結前交付書面 ・・・・・・・・・・

| 交付義務 | 協会員は、金融商品取引契約を締結しようとするときは、あらかじめ一定の事項を記載した**契約締結前交付書面を特定投資家以外の顧客に対して**交付しなければならない。 |
|---|---|
| 実質的な説明義務 | 単に契約締結前交付書面を交付すればよいというわけではなく、あらかじめ契約の概要、手数料等、リスク等について、当該顧客の知識、経験、財産の状況及び金融商品取引契約を締結する目的に照らして、当該**顧客に理解されるために必要な方法及び程度による説明**が求められる（いわゆる実質的説明義務）。 |

## ■ 交付免除 ・・・・・・・・・・・・・・・・

| 特定投資家等 | ① 顧客が**特定投資家**である場合。<br>② 上場有価証券の売買等の取引に係る契約の**締結前1年以内**に当該顧客に対し、**上場有価証券等書面を交付**している場合。<br>③ 有価証券の売買その他の取引又はデリバティブ取引等に係る金融商品取引契約の締結前1年以内に当該顧客に対して同種の内容の金融商品取引契約に係る契約締結前交付書面を交付している場合。など。 |
|---|---|

## ■ 顧客に対する説明義務 ・・・・・・・・・・

| 主旨 | 顧客が金融商品取引契約を締結するかどうかを判断するために、その内容が理解されるものでなければならない。 |
|---|---|
| 説明 | 協会員又はその役職員は、契約締結前交付書面、上場有価証券等書面、目論見書又は契約変更書面の交付に関し、**あらかじめ**、特定投資家以外の顧客に対して、これらの書面の記載事項について**顧客の知識、経験、財産状況及び投資目的に照らして**、顧客に**理解されるために必要な方法及び程度による説明**をしなければ、当該金融商品取引契約の締結を行ってはならない。 |

## ■ 契約締結前交付書面の届出 ・・・・・・・・・・・・・・・・・・

内容の届出　協会員は，あらかじめ，契約締結前交付書面の**内容を内閣総理大臣に届け出**なければならない。

問　題　次の文章について，正しい場合は○へ，正しくない場合は×の方へマークしなさい。

1　協会員は，金融商品取引契約を締結しようとするときは，あらかじめ一定の事項を記載した契約締結前交付書面を特定投資家以外の顧客に対して交付しなければならない。

2　協会員又はその役職員は，契約締結前交付書面の交付に関し，あらかじめ特定投資家以外の顧客に対して，当該書面の記載事項について決められた一律の方法によって説明しなければならない。

3　顧客から重要事項について説明不要であるとの意思表示がなされた場合，金商業等府令117条1項1号に基づく説明義務は免除される。

4　特定投資家についても契約締結前交付書面を交付し，顧客の知識，経験，財産状況及び投資目的に照らして，顧客に理解されるために必要な方法及び程度による説明をしなければ，当該金融商品取引契約の締結を行うことはできない。

### 解 答 ・ 解 説

解答：1○，2×，3×，4×

解説：2は誤り。書面の記載事項について<u>顧客の知識，経験，財産状況及び投資目的に照らして，顧客に理解されるために必要な方法及び程度による説明</u>をしなければ，当該金融商品取引契約の締結を行うことはできない。

　　　3は誤り。説明不要であるとの意思表示がなされた場合でも，<u>説明義務は免除されない</u>ことに注意が必要である。

　　　4は誤り。顧客が特定投資家である場合には，契約締結前交付書面の<u>交付を免除</u>される。

# 5

共通

# 募集・売出し

重要度★★★★

## ■ 募集・売出しと証券情報開示 ・・・・・・・・・・・・・・・・・・・

| 情報開示 | 大量の有価証券を一般公衆に募集又は売出しする場合，株式や社債等の企業金融型証券の発行者に対し，内閣総理大臣への届出と公衆縦覧の方法により当該有価証券に関する情報や発行者の属する企業集団及び当該発行者の経理の状況，その他事業の内容に関する重要な事項等の**開示が義務付け**られている。 |
|---|---|

## ■ 募集・売出しの定義 ・・・・・・・・・・・・・・・・・・・・・・・

　募集・売出しに該当する投資勧誘に対しては，投資者への情報開示の実効性を確保する見地から，種々の規制（届出，目論見書の交付等）が課されている。

| 募集とは | **新たに**発行される有価証券の取得の申込みの勧誘で，以下の要件のいずれかに該当するもの。<br>① 多数（原則として50名以上）の相手方に行う勧誘（第一項有価証券の場合）。<br>② 50名未満の者への勧誘又は適格機関投資家のみへの勧誘であって，譲渡制限等の条件が欠けている場合（第一項有価証券の場合）。<br>③ 取得勧誘に応じて相当程度多数（500名以上）の者が所有者となる場合（第二項有価証券の場合）。 |
|---|---|
| 売出しとは | **既に**発行された有価証券の売付けの申込み又はその買付けの申込みの勧誘のうち，以下の場合。<br>① 第一項有価証券の場合：50名以上の多数の者を相手方として行う売付け勧誘等。<br>② 第二項有価証券の場合：500名以上の相当程度多数の者が所有することとなる売付け勧誘等。 |

## ▓▓ 内閣総理大臣への届出と勧誘制限 ・・・・・・・・・・・・・・・・・・・・・・・

| 届　　出 | 有価証券の募集又は売出しに該当する投資勧誘行為は,原則として,発行会社があらかじめ**内閣総理大臣（届出等を受理する権限は内閣総理大臣から金融庁長官へ，さらに財務局長へ委任されている）に届出をしているもの**でなければ，行うことができない。 |
|---|---|
| 投 資 勧 誘 | 内閣総理大臣への届出後は，直ちに投資勧誘が可能となるが，勧誘行為によって実際に有価証券を取得させ又は売り付けることは，**届出の効力が発生した後**でなければ，行うことができない。 |
| 届 出 効 力 | 届出の効力は原則として，内閣総理大臣が届出を受理した日から**15日を経過した日**に生じる。<br>ただし，届出に係る企業情報が既に広範に公衆に提供されるなどにより，特に投資者保護上問題がないと認められた場合には，その効力発生期間をおおむね7日を経過した日に短縮することができる。 |

## ▓▓ 発行登録制度 ・・・・・・・・・・・・・・・・・・・・・・・・・・・・・・・・・・・・・

| 発 行 登 録 制度とは | 将来，有価証券の募集又は売出しを予定している者が，一定期間内の発行予定額，発行予定有価証券の種類等を記載した**発行登録書を提出しておく**ことにより，**実際の発行時には届出を不要とする**制度である。 |
|---|---|
| 条　　件 | ただし，発行登録制度を利用できる発行者は，有価証券報告書の提出，売買代金・時価総額が一定額以上等の要件を満たす**周知性の高い者に限られる**。 |

投資勧誘の管理

**問題1**　次の文章について，正しい場合は○へ，正しくない場合は×の方
　　　　へマークしなさい。

1　原則として募集は，既に発行された有価証券の売付けの申込み又はそ
　の買付けの申込みの勧誘をいう。

2　原則として売出しは，新たに発行される有価証券の取得の申込みの勧
　誘をいう。

3　発行会社が内閣総理大臣への届出後は，直ちに投資勧誘が可能とな
　り，勧誘行為によって実際に有価証券を取得させ又は売り付けることが
　できる。

4　募集・売出しの際の証券情報開示においては，当該有価証券に関する
　情報や発行者の属する企業集団及び当該発行者の経理の状況その他事業
　の内容に関する重要な事項等の開示を義務付けている。

5　届出の効力は原則として，内閣総理大臣が届出を受理した日から7日
　を経過した日に生じる。

---

## 解 答・解 説

**問題1**　解答：1×，2×，3×，4○，5×

　　　解説：1は誤り。原則として募集は，新たに発行される有価証券の
　　　　　　売付けの申込み又はその買付けの申込みの勧誘をいう。

　　　　　　2は誤り。原則として売出しは，既に発行された有価証券の
　　　　　　売付けの申込み又はその買付けの申込みの勧誘をいう。

　　　　　　3は誤り。内閣総理大臣への届出後は，直ちに投資勧誘が可
　　　　　　能となるが，勧誘行為によって実際に有価証券を取得させ又
　　　　　　は売り付けることは，届出の効力が発生した後でなければ，
　　　　　　行うことができない。

　　　　　　5は誤り。届出の効力は原則として，内閣総理大臣が届出を
　　　　　　受理した日から15日を経過した日に生じる。

**問題2**　次の「有価証券の募集又は売出しに係る投資勧誘行為」に関する
　　　　　記述のうち，正しいものはどれか。該当するものをイ～ハから選
　　　　　んでいる選択肢の番号を一つマークしなさい。

イ　原則として，内閣総理大臣への届出後でも，直ちに投資勧誘を行うこ
とはできない。

ロ　勧誘行為によって，実際に有価証券を取得させ又は売り付けること
は，内閣総理大臣への届出の効力が発生した後でなければ，行うことは
できない。

ハ　内閣総理大臣への届出後効力が発生するまでの期間において，勧誘行
為はできる。

（選択肢）

1　正しいのはイ及びロであり，ハは正しくない。

2　正しいのはイ及びハであり，ロは正しくない。

3　正しいのはロ及びハであり，イは正しくない。

4　イ，ロ及びハすべて正しい。

解　答　・　解　説

**問題2**　解答：3

解説：イは誤り。有価証券の募集又は売出しを行うにあたっては，
内閣総理大臣へ届出なければならない。届出後は，直ちに投
資勧誘を行うことができる。

IV

投資勧誘の管理

# 6

共通

# 少人数向け勧誘に係る規制

重要度★★★

## ■ 少人数向け勧誘 ・・・・・・・・・・・・・・・・・・・・・・・・・

| 少人数私募 | 適格機関投資家を除いて，取得勧誘の相手方が**少人数（50名未満）**で，かつ，一定の転売制限が付されている有価証券の勧誘。 |
|---|---|
| 届出の免除 | **多数の者に譲渡される可能性が少ないため**，その有価証券の発行の際の内閣総理大臣への届出は**免除**される。また，その有価証券を流通市場で50名未満の者を相手方として勧誘する場合も**届出を要しない**。 |
| 制限なし | **非上場の株券**が50名未満の者に勧誘される場合，**分割しえない**CPが1回の発行につきその券面が50枚未満である場合，多数の者に譲渡されるおそれが少ないと考えられることから，**転売制限はない**。 |

## ■ 告知・書面交付 ・・・・・・・・・・・・・・・・・・・・・・・・・

| 取得勧誘 | 届出がなされていなくても，取得勧誘を行うことが**できる**。 |
|---|---|
| 告知義務 | 少人数勧誘を行う者は，「届出の免除」「転売の制限」等について，相手方に告知すること（適格機関投資家を除く）。**（例外）**新優先出資引受権証券，CP，短期社債等については，転売制限がなく告知義務はない。 |
| 書面交付 | 実際に当該有価証券を取得させ又は売り付ける場合，**あらかじめ又は同時に告知すべき事項を記載した書面を相手方に交付**すること（適格機関投資家を除く）。 |
| 適格機関投資家への書面交付 | ① 適格機関投資家に取得させる場合，「届出の免除」「適格機関投資家以外への譲渡禁止」等を定めた**譲渡契約を締結**すること。<br>② 当該有価証券を取得した適格機関投資家が他の適格機関投資家に譲渡する場合，**あらかじめ又は同時に**「届出の免除」「他の適格機関投資家以外への譲渡禁止」等を記載した**書面を相手方に交付**すること。 |

## ■■ 国内 CP 及び私募社債の売買取引の勧誘における遵守事項 ・・・・・・・・

| 国内 CP・短期社債等 | 発行体と協会員の間で締結する契約書等に定める**「発行体等に関する説明書」**を交付して，**発行者情報・証券情報の説明**に努めること。 |
|---|---|
| 私 募 社 債 | 協会員は，発行体の作成する発行者情報・証券情報を記載した資料を顧客の求めに応じて交付する等の方法により**説明**に努めること。 |
| 勧誘を行わ ない 場合 | 協会員は，顧客に対し勧誘を行わずに国内 CP，短期社債等又は私募社債を売付け又は売付けの媒介を行うとき，**その注文が顧客の意向に基づくもの**である旨の記録を作成のうえ，**整理，保存する等適切な管理**をすること。 |

**問 題** 次の文章について，正しい場合は○へ，正しくない場合は×の方へマークしなさい。

1 適格機関投資家が取得した有価証券（少人数私募により発行）は，適格機関投資家以外の者への転売が禁止され，また適格機関投資家以外の者が取得した有価証券は一括転売以外の転売が禁止されている。

2 少人数向け勧誘を行う者が，実際に当該有価証券を取得させ，又は売り付ける場合には，あらかじめ又は同時に告知すべき事項を記載した書面を適格機関投資家以外の相手方に交付しなければならない。

3 適格機関投資家を除外した取得勧誘の相手方が少人数（50名未満）であり，かつ，一定の転売制限が付されている有価証券は，発行の際の届出が必要である。

4 少人数向け勧誘は，内閣総理大臣への届出が必要であり，届出がなされていなければ，取得勧誘を行ってはならない。

**解 答・解 説**

解答：1○，2○，3×，4×

解説：3は誤り。多数の者に譲渡されるおそれが少ないため，<u>発行の際の届出を免除される</u>。

　　　4は誤り。少人数向け勧誘は，<u>内閣総理大臣への届出を必要としないため，届出がなされていなくても，取得勧誘を行うことができる</u>。

# 7

## 共通
# 適格機関投資家向け勧誘に係る規制

重要度★★★

## ▊ 適格機関投資家向け勧誘 ·····················

| | |
|---|---|
| 適格機関投資家とは | 有価証券に係る専門知識・経験を有する者として内閣府令で定める者。具体的には**金融商品取引業者**，**投資法人・外国投資法人**，**銀行**，**保険会社・外国保険会社等**，**信用金庫等**，**ベンチャーキャピタル会社**，**投資事業有限責任組合**，**存続厚生年金基金・企業年金連合会**，**信託会社・外国信託会社**など。 |
| 届出不要 | ① 新たに発行される有価証券の取得勧誘が適格機関投資家のみを相手方とし，転売制限を付されている場合。<br>② 既に発行された有価証券の売付け勧誘が適格機関投資家のみを相手方としてなされる場合。 |

## ▊ 告知・書面交付 ·····························

| | |
|---|---|
| 勧　　誘 | 適格機関投資家向け勧誘については，届出がなされていなくても投資勧誘を行うことができる。 |
| 告知と書面交付 | ① 適格機関投資家向け勧誘を行う者は，「届出がなされていない」「転売制限」等について**相手方に告知**すること。<br>② 実際に当該有価証券を取得させ，又は売り付ける場合，あらかじめ又は同時に告知すべき事項を記載した**書面を相手方に交付すること**。 |

## ▊ 適格機関投資家取得有価証券一般勧誘に係る勧誘規制 ·········

| | |
|---|---|
| 意　　義 | 適格機関投資家取得有価証券一般勧誘とは，適格機関投資家向け証券の流通段階で，売付けの申込み又は買付けの申込みの**勧誘が適格機関投資家以外の者を相手方**として行われる場合をいう。 |

| 届出と勧誘制限 | 適格機関投資家が適格機関投資家以外の者に対して行う「適格機関投資家取得有価証券一般勧誘」は，**発行者があらかじめ内閣総理大臣に届出をしているもの**でなければ，行うことはできない。 |
|---|---|
| 届出後の勧誘 | 届出後は，**直ちに投資勧誘が可能**であるが，**届出の効力が発生した後でなければ，実際に有価証券を取得させ，又は売り付けることができない。** |

**問 題**　次の文章について，正しい場合は○へ，正しくない場合は×の方へマークしなさい。

1　適格機関投資家の範囲には，金融商品取引業者，投資法人，銀行，ベンチャーキャピタル会社，投資事業有限責任組合，存続厚生年金基金などが含まれる。

2　適格機関投資家向け勧誘とは，投資勧誘の相手方が適格機関投資家のみであること等により，内閣総理大臣への届出が必要である。

3　原則として，適格機関投資家向け勧誘を行う者は，新規発行の段階における内閣総理大臣への届出がなされていないこと及び当該有価証券に付されている転売制限等について，相手方である適格機関投資家に対して告知する必要はない。

4　適格機関投資家取得有価証券一般勧誘とは，適格機関投資家向け証券の流通段階における売付けの申込み又はその買付けの申込みの勧誘が適格機関投資家以外の者を相手方として行われる場合をいう。

――――――――――　解 答 ・ 解 説　――――――――――

解答：1○，2×，3×，4○

解説：2は誤り。内閣総理大臣への届出は必要ない。

　　　3は誤り。当該有価証券に関して開示が行われている場合や，発行価額の総額が1億円未満である場合を除き，原則として告知しなければならない。

# 8

## 共通
# 特定投資家向け勧誘に関する規制

重要度★★★

### ■ 特定投資家向け取得・売付け勧誘・・・・・・・・・・・・・・・・・・・・・・・・・

| | |
|---|---|
| 特定投資家向けの勧誘 | 特定投資家のみを相手方とする有価証券の取得勧誘・売付け勧誘等であって，<br>① 協会員が，原則として，売付けを行おうとする者からの委託等により又は自己のために行うものであること。<br>② 当該有価証券が特定投資家以外の者に譲渡されるおそれが少ない。<br>この①②**両方の要件を充足する場合**，<br>有価証券の募集又は売出しに該当しないものとされる。 |
| 特定投資家等以外への勧誘 | ただし，協会員に委託して特定投資家等に対して売り付けるための勧誘以外の勧誘は，原則として，**有価証券届出書を提出しているものでなければならない。** |

### ■ 告知・書面交付・・・・・・・・・・・・・・・・・・・・・・・・・・・・・・・・・・

| | |
|---|---|
| 告　　知 | 特定投資家向けに有価証券の取得の勧誘を行う者は，その相手方に対し，当該勧誘等に関して**届出が行われていない旨その他の事項を告知**しなければならない。 |
| 一般投資家向けは禁止 | 協会員は，有価証券届出書を提出している場合等を除き，原則として，一般投資家を相手方とし，又は一般投資家のために，**投資勧誘その他の行為を行ってはならない。** |
| 特定投資家向けが初めての取得申込み | 特定投資家（適格機関投資家等を除く）から初めて特定投資家向け有価証券の取得の申込みを受けた場合，**契約締結前に，**<br>① 特定投資家向け有価証券に関する制度の重要な事項，<br>② 特定投資家向け有価証券の取引を行うことがその知識，経験及び財産の状況に照らして適当ではない者が，特定投資家向け有価証券の取引を行う場合は，当該者の保護に欠けることとなるおそれがある旨<br>以上①②について，**告知及び書面の交付が義務付け**られている。 |

| 特定証券情報と発行者情報 | 有価証券及びその発行者に関する一定の情報（＝**特定証券情報**）を，取得の相手方に**提供し，又は公表**しているものでなければならない。また特定投資家向け有価証券の発行者は，当該発行者に関する情報（＝**発行者情報**）を事業年度ごとに一回以上，有価証券の保有者に**提供し，又は公表**しなければならない。 |
| --- | --- |

**問　題**　次の文章について，正しい場合は○へ，正しくない場合は×の方へマークしなさい。

1　特定投資家から初めて特定投資家向け有価証券の取得の申込みを受ける場合，契約締結前に金融商品取引業者に告知や書面交付の義務は課せられていない。

2　特定投資家向けに有価証券の取得の勧誘を行う者は，その相手方に対し，当該勧誘等に関して届出が行われていない旨その他の事項を告知しなければならない。

3　金融商品取引業者等は，有価証券届出書を提出していない場合でも，原則として，一般投資家のために投資勧誘の行為を行うことができる。

4　有価証券及びその発行者に関する一定の情報（＝特定証券情報）を，取得の相手方に提供し，又は公表しなければならない。

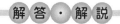
解　答　・　解　説

**解答**：1×，2○，3×，4○

**解説**：1は誤り。契約締結前に，「特定投資家向け有価証券に関する制度の重要事項」「特定投資家向け有価証券の取引を行うことがその知識，経験及び財産の状況に照らして適当ではない者が，特定投資家向け有価証券の取引を行う場合は，当該者の保護に欠けることとなるおそれがある」旨の告知や書面交付の義務がある。

　3は誤り。有価証券届出書を提出していなければ，一般投資家のために投資勧誘その他の行為を行ってはならない。

# 目論見書の交付

重要度★★★★★

## ■ 目論見書の交付 ・・・・・・・・・・・・・・・・

| 目論見書とは | 募集又は売出し等のために有価証券の**発行者の事業その他の事項**に関する説明を記載した文書（「**交付目論見書**」と「**請求目論見書**」に区分される）。 |
| --- | --- |
| 発行者が作成 | 有価証券の**発行者**は，募集又は売出し等に際し目論見書を作成する。 |
| 交付目論見書 | 投資者に直接提供される開示書類で，投資をするに際しての判断資料として重要な機能を果たす。 |
| 請求目論見書 | 投資者からの請求があった場合に交付する。投資信託受益証券，外国投資信託受益証券，投資法人債券及び外国投資証券などについて認められる。 |
| 交付目論見書の交付 | 協会員が有価証券の募集又は売出しにより有価証券を取得させ，又は売り付ける場合には，原則として投資者に対して，交付目論見書を**あらかじめ又は同時に交付**すること。 |

## ■ 仮目論見書の使用 ・・・・・・・・・・・・・・・・

| 重要事項が未定又は未記載のとき | 募集又は売出しに伴う投資勧誘にあっては，届出書の効力が発生する前は，発行価格又は売出価格，利率など募集又は売出しに関する**重要事項が未定又は未記載**となっている仮目論見書が使用されるのが一般的。この場合，発行会社は，未定又は未記載の事項が決定されたときには，「届出仮目論見書の訂正事項分」を作成し，これを仮目論見書にはさみ込む等の方法によって訂正し，正規の目論見書として使用できる。 |
| --- | --- |

## ■ 目論見書以外の資料の使用 ・・・・・・・・・・・・・・

| 表示方法 | 目論見書以外の文書，図画，音声などの資料を使用する場合は，虚偽又は誤解を生じさせる表示をしてはならない。 |
| --- | --- |

| 注 意 点 | ① 目論見書の交付前に使用できるが，それを使用しても目論見書の交付義務が免除されるものではない。 |
| | ② 正規の目論見書の内容と矛盾するもの，恣意的にその内容を歪めているもの等であってはならない。 |
| | ③ 業績予想をその他の資料として使用できるが，その**予想の根拠**となる前提についても併せて表示すること。 |

**問 題** 次の文章について，正しい場合は○へ，正しくない場合は×の方
ヘマークしなさい。

1 目論見書には，投資者への交付が義務付けられている交付目論見書
と，投資者の請求があった場合に交付される請求目論見書がある。

2 協会員が有価証券の募集又は売出しにより有価証券を取得させ，又は
売り付ける場合には，原則として投資者に対して，交付目論見書をあら
かじめ又は同時に交付しなければならない。

3 有価証券の募集又は売出しのために，目論見書以外の文書，図画，音
声その他の資料を，目論見書の交付前に使用できる。この場合には，一
定の手続きを経ることによって目論見書の交付義務が免除される。

4 有価証券の募集又は売出しのために，「業績予想」を目論見書以外の
その他の資料として使用することはできない。

5 有価証券の募集又は売出し等に際しては，金融商品取引業者は，当該
目論見書を作成することが義務付けられている。

## 解 答 ・ 解 説

解答：1○，2○，3×，4×，5×

解説：3は誤り。目論見書以外の文書，図画，音声その他の資料を，目論見書
の交付前に使用することができるが，それを使用したとしても目論見書
の交付義務が免除されるものではない。

4は誤り。業績予想をその他の資料として使用することは可能である。
ただし，その予想の根拠となる前提についても併せて表示することが必
要である。

5は誤り。有価証券の発行者が目論見書を作成しなければならない。

**共通・一部特別会員**

# 投資信託受益証券の投資勧誘

重要度★★★★★

## ■ 目論見書の交付 ・・・・・・・・・・・・・・・・・・・・・・・・

| | |
|---|---|
| 受益証券の募集 | 一定の条件のもと，適格機関投資家を除いた50名以上を相手方として，投資信託の受益証券の取得の申込みの勧誘を行うことは，投資信託委託会社による内閣総理大臣への届出を要する「**募集**」に該当する。 |
| 届出と交付 | 届出の効力発生後，受益証券を取得させ又は売り付ける場合には，原則として，**あらかじめ又は同時に**投資信託委託会社が作成した交付目論見書を投資者に交付し，また投資者から請求がある場合には，請求目論見書を交付すること。 |
| 交付の免除 | ① **適格機関投資家を相手方とする場合**。<br>② **同一銘柄を既に所有している者**若しくはその同居者が既に目論見書の交付を受け，又は確実に交付を受けると見込まれる者が交付を受けないことに同意した場合。 |
| 交付が必要 | 新たに作成した目論見書の記載内容と，交付しなかった目論見書の記載内容を比較し，「投資方針」，「投資リスク」，「手数料及び税金」「管理及び運営」等の**重要な事項に変更があった**と判断した時は，改めて新たに作成した目論見書を交付しなければならない。 |
| 勧誘を伴わない場合，交付不要 | ① **累積投資契約，財形契約又は自動再投資契約**の締結に基づき，定時，定型的に買い付ける場合。<br>② 投資者が累積投資口座を開設する際に，当該当事者に目論見書を交付している場合であって，その後，協会員から勧誘を受けることなく，**自らの意思と判断**でATM等を操作して受益証券を買い付ける場合。<br>③ MRF，MMF及び中期国債ファンドの販売において，協会員が当初販売時等に，投資者に目論見書を交付している場合であって，その後，当該協会員から勧誘を受けることなく，**自らの意思と判断**に基づいて協会員のホームページ上の操作によって投資信託を買い付ける場合。 |

## ■ 投資信託受益証券の私募 ・・・・・・・・・・・・・・・・・・・

| 届出の免除 | 新たに発行される投資信託の受益証券の取得の申込みの勧誘のうち，以下の場合，**届出義務を免除**され，**目論見書の作成・交付義務はない。**<br>① 一定の転売制限付きで適格機関投資家のみを相手方として行う勧誘。<br>② 一定の要件のもとで特定投資家のみを相手方として行う勧誘。<br>③ 一定の転売制限付きで適格機関投資家を除く50名未満の者を相手方として行う勧誘。 |
|---|---|

## ■ 投資信託等の乗換え勧誘時の説明義務 ・・・・・・・・・・・・・・

| 乗換えとは | 現在保有している投資信託等の一部解約若しくは投資口の払戻し又は売付けを行い，併せて他の投資信託等の取得又は買付けを行うことを顧客に勧誘する行為（**解約と取得のセットで勧誘する行為**）。 |
|---|---|
| 重要事項の説明 | **投資信託の乗換えを勧誘するに際し**，顧客（特定投資家を除く）に対し，その乗換えに関する**重要な事項を説明**すること。 |
| 重要事項とは | ① 投資信託等の形態及び状況（**ファンドの名称，性格**等）。<br>② 解約する投資信託等の状況（**概算損益**等）。<br>③ 乗換えに係る費用（**解約手数料，取得手数料**等）など。<br>④ 償還乗換優遇制度。<br>⑤ その他投資信託等の性格，顧客ニーズ等を勘案し，顧客の投資判断に影響を及ぼすもの。<br>協会員は，この説明義務の履行を確保するため，説明の実績について社内記録の作成・保存・モニタリングを行う等の社内管理体制を構築すること。 |
| 対象外 | MRF，MMF，中期国債ファンドやこれらと同様の性格を有するもの(外貨建てMMF)，上場投信(ETF)や上場不動産投資信託(REIT)。 |

IV

投資勧誘の管理

## ■ 投資信託に関する説明 ・・・・・・・・・・・・・・・・・・・・・・・・

| 適切な勧誘 | 投資信託は，専門知識や経験等が十分ではない一般顧客を含めて幅広い顧客層に対して勧誘・販売が行われる商品であることから，顧客の知識，経験，投資意向に応じて**適切な勧誘**を行うことが重要である。 |
|---|---|
| 留意事項 | ① 販売手数料等の顧客が負担する費用について，分かりやすく説明しているか。<br>② **投資信託の分配金**に関して，分配金の一部又は全てが元本の一部払い戻しに相当する場合があることを，顧客に分かりやすく説明しているか。<br>③ 通貨選択型ファンドについては，**投資対象資産の価格変動リスク**に加えて**複雑な為替変動リスク**を伴うことから，通貨選択型ファンドへの投資経験がない顧客との契約締結時において，顧客から，商品特性・リスク特性を理解した旨の**確認書を受入れ**，これを保存するなどの措置を取っているか。 |
| 安全性を重視する顧客 | **元本の安全性を重視している顧客**に対して，通貨選択型ファンドなどのリスクの高い商品を販売する場合，管理職による承認制とするなどの**慎重な販売管理**が求められる。 |
| きめ細かいサポート | 市場動向の急変や市場に重大なインパクトを与える事象の発生が，投資信託の基準価額に重大な影響を与えた場合，顧客に対して適時適切な情報提供に努め，**きめ細かいサポート**をしているか。 |

## ■ 特定資産以外の資産を投資対象の一部とする投資信託の販売 ・・・・・・

| 留意事項 | 投資信託や投資法人は，主として特定資産に対する投資として運用することを目的としている。<br>しかし，**暗号資産**のような特定資産以外の資産（＝**非特定資産**）を投資対象の一部とするファンドについては，投機を助長しているとの指摘があることから，協会員は，当該商品の販売が行われていないかについて留意して**監督**を行うことが求められる。 |
|---|---|

■ **特別会員** 預金等との誤認防止のための説明・・・・・・・・・・・

| 誤認防止 | 特別会員は，書面の交付その他の適切な方法により，有価証券と預金等との誤認を防止するための説明をしなければならない。 |
|---|---|
| 説明事項 | ① 預金等ではないこと。<br>② 預金保険法に規定する保険金の支払の対象とはならないこと。<br>③ 投資家保護基金の規定に基づく一般顧客に対する支払の対象でないこと。<br>④ 元本の返済が保証されていないこと　など。 |

**問題1**　**特別会員**　特別会員が顧客に対し，有価証券と預金との誤認を防止するために説明しなければならない事項として，次のうち，正しいものはどれか。正しいものをイ〜ハから選んでいる選択肢の番号を一つマークしなさい。

イ　預金等ではないこと。

ロ　預金保険法に規定する保険金の支払いの対象となること。

ハ　元本の返済が保証されていないこと。

（選択肢）

1　正しいものはイ及びロであり，ハは正しくない。

2　正しいものはイ及びハであり，ロは正しくない。

3　正しいものはロ及びハであり，イは正しくない。

4　イ，ロ及びハすべて正しい。

IV

投資勧誘の管理

＝＝＝ 解答・解説 ＝＝＝

**問題1**　解答：2

解説：ロは誤り。預金保険法に規定する保険金の支払の<u>対象とはならない</u>。

**問題2** 次の文章のうち，「投資信託の乗換え投資勧誘」に関する記述として正しいものはどれか。該当するものをイ～ハから選んでいる選択肢の番号を一つマークしなさい。

イ 乗換え勧誘にあたっては，投資信託の名称，性格等を説明しなければならない。

ロ 乗換え勧誘にあたっては，解約する投資信託等の概算損益状況を説明しなければならない。

ハ MRF から株式投資信託に乗換え勧誘する場合，その乗換えに関する重要事項の説明をしなければならない。

（選択肢）

1 正しいのはイ及びロであり，ハは正しくない。

2 正しいのはイ及びハであり，ロは正しくない。

3 正しいのはロ及びハであり，イは正しくない。

4 イ，ロ及びハすべて正しい。

解 答 ・ 解 説

**問題2** 解答：1

解説：ハは誤り。MRF，MMF，中期国債ファンドやこれらと同様の性格を有するもの（外貨建て MMF），上場投信（ETF）や上場不動産投資信託（REIT）については，<u>説明義務の対象外</u>である。

（注）なお，この説明義務の履行を確保するため，説明実績について，社内記録の作成・保存，モニタリングを行う等の社内管理体制の構築が求められる。

**問題3** 次の文章について，正しい場合は○へ，正しくない場合は×の方
ヘマークしなさい。

1 投資信託の分配金に関して，分配金の一部又は全てが元本の一部払い
戻しに相当する場合があることを，顧客（特定投資家を除く）にわかり
やすく説明しておく必要がある。

2 新たに発行される投資信託の受益証券の取得の申込みの勧誘のうち，
プロ私募や少人数私募の場合，内閣総理大臣への届出義務が生じる。

3 投資信託受益証券の販売のうち，協会員の投資者に対する勧誘を伴わ
ない場合でも，投資者に目論見書を交付しなければならない。

4 受益証券を取得させ又は売り付ける場合には，あらかじめ又は同時に
投資信託委託会社が作成した交付目論見書を投資者に交付し，また投資
者から請求がある場合，請求目論見書を交付しなければならない。

5 原則として，協会員は，投資信託受益証券の乗換えを勧誘するに際
し，顧客（適格機関投資家を除く）に対して，その乗換えに関する重要
な事項について説明を行わなければならない。

解 答 ・ 解 説

**問題3** 解答：1○，2×，3×，4○，5○

解説：2は誤り。「プロ私募」とは，適格機関投資家のみを相手方
とする投資信託であり，「少人数私募」とは，転売制限付き
で適格機関投資家を除く50名未満の者を相手方とする投資信
託である。これらの場合，内閣総理大臣への届出義務が免除
される。

3は誤り。投資者に対する勧誘を伴わない場合は，金融商品
取引法2条3項にいう「募集」（新たに発行される有価証券
の取得の申込みの勧誘）に該当しないので，投資者に目論見
書を交付する必要はない。これは累積投資契約や自動再投資
契約などに基づき定時・定型的に買い付ける場合を指してい
る。

# 11

共通
# NISA を利用する取引の勧誘

重要度★★★★★

## ■ NISA（少額投資非課税制度）とは ・・・・・・・・・・・・・・・

| | |
|---|---|
| NISA 制度 | 年間の投資上限額の範囲内で購入した金融商品について，所定の非課税期間を通じて，その収益を非課税とする制度である。 |
| 種類と非課税枠 | **一般 NISA**（非課税投資枠年間120万円）<br>**つみたて NISA**（　同　　40万円）<br>**ジュニア NISA**（　同　　80万円） |
| 目　　　的 | これまで金融商品に対する投資を通じた資産形成を行ってこなかった者を中心に，当該方法による資産形成を促すことを目的とする。 |
| 協会員の役　　割 | 金融経済の仕組み，マネープランの重要性，中長期投資や分散投資の効果等の説明といった金融に関する**基礎的情報を適切に提供する**よう努めること。<br>また口座開設の勧誘・申込みの受付時等に，以下の内容等について，必要に応じ**適時適切に説明**すること。<br>① 通常の証券口座（特定口座等）と異なり金融機関を跨った複数開設が認められず，**一人1口座（1金融機関）のみ開設**が認められる。<br>② 損益通算はできない。<br>③ NISA 口座で保有している有価証券を一度売却すると，その非課税投資枠の再利用はできない。 |

## ■ つみたて NISA・ジュニア NISA 特有の留意事項 ・・・・・・・・・・

| | |
|---|---|
| つみたて NISA | ① つみたて NISA と一般 NISA は**選択制**である。<br>② 定期かつ継続的な方法による買付けを行う。<br>③ ロールオーバーはできない　など。 |

| ジュニアNISA | ① 基準年まで払出しを行わないこと。 |
|---|---|
| | ② 災害等やむを得ない事情について税務署による確認を受けた場合を除き，払出しを行った場合，当該口座における**過去に生じた利益に対して課税**される。 |
| | ② NISA口座において運用される資金は，厳に口座開設者自身の資金に限られ，親権者等の資金を運用する資金は認められない。 |

**問題** 次の「NISA」に関する記述のうち，正しいものはどれか。正しいものをイ～ハから選んでいる選択肢の番号を一つマークしなさい。

イ NISA口座で購入した有価証券を一度売却すると，その非課税枠の再利用ができる。

ロ 非課税となる投資枠の残額は，翌年以降に繰り越すことはできない。

ハ NISA口座の損失について，特定口座や一般口座で保有する他の有価証券の売買益や配当金との損益通算はできない。

（選択肢）

1 正しいのはイ及びロであり，ハは正しくない。

2 正しいのはイ及びハであり，ロは正しくない。

3 正しいのはロ及びハであり，イは正しくない。

4 イ，ロ及びハすべて正しい。

解 答 ・ 解 説

解答：3

解説：イは誤り。その有価証券を一度売却すると，その非課税枠の<u>再利用はできない</u>。

IV

投資勧誘の管理

# 12

# 債券の募集・売出し時の重要事象の説明義務

重要度★★★★★

## ■ 申込み期間中に生じた重要事象 ・・・・・・・・・・・・・・・

| 説明義務 | 協会員が，売出し又は募集・売出しの取扱いにより社債券又は外国債券を個人顧客（特定投資家を除く）に取得させ又は売り付けようとする際には，その**申込み期間中に生じた投資判断に影響を及ぼす重要な事象を説明**しなければならない。 |
|---|---|

## ■ 説明を要する重要事象の具体例 ・・・・・・・・・・・・・・・

| 利回りが不利な状況 | 取得させ又は売り付けようとする債券の利回りが，当該債券と**同じ発行体が既に発行している類似の債券の利回りと比較して，顧客にとって著しく不利な状況**となっている場合。 |
|---|---|
| | （具体例）募集・売出しにより取得させようとしている新発債と既発債のクレジット・スプレッド相当分の乖離が著しい状況（＝新発債が著しく不利な状況）になっている場合。 |
| | （説明）「類似する既発債の利回りの上昇などにより，新発債の利回りは，**類似する既発債の利回りを大きく下回っている**」などの説明をすること。 |
| 対象銘柄の株価が下落している状況 | 債券の償還条件が，金融商品市場における相場その他の指標等の状況により決定されるしくみである場合，当該債券を取得させ又は売り付けようとする時点における当該指標等の状況が，**当該債券の発行（売出）条件の設定時に基準となった指標等の状況と比較し，顧客にとって不利な状況**となっている場合。 |
| | （具体例）取得させようとしている他社株転換権付社債や償還特約付日経平均リンク債といった株式相場により償還条件が決まる債券（EB等）について，協会員があらかじめ一定の値幅を定め，債券を取得させようとする時点の当該債券の理論価格が**募集（売出）価格から当該値幅を超えて下落している**場合。 |

> （説明）「当初価格より対象銘柄の株価が下落していることから，顧客にとって**発行（売出）条件が不利**になっている」旨の説明をすること。

**問　題**　次の文章のうち，「債券の募集・売出し時の重要事象に該当し，説明義務が生じるケース」に該当する記述はどれか。該当するものをイ～ハから選んでいる選択肢の番号を一つマークしなさい。

イ　取得させ又は売り付けようとする新発債券の利回りが，当該債券と類似する既発債券の利回りを大きく上回っている場合。

ロ　取得させ又は売り付けようとする債券の利回りが，当該債券と同じ発行体が既に発行している債券の利回りと比較して著しく低い場合。

ハ　他社株転換権付社債や償還特約付日経平均リンク債といった株式相場により償還条件が決まる債券（EB 等）について，協会員があらかじめ一定の値幅を定め，当該債券を取得させようとする時，その時点の当該債券の理論価格が募集価格から当該値幅を超えて上昇している場合。

（選択肢）

1　該当しないのはイ及びロであり，ハは該当する。

2　該当しないのはイ及びハであり，ロは該当する。

3　該当しないのはロ及びハであり，イは該当する。

4　イ，ロ及びハすべて該当しない。

解　答　・　解　説

解答：2

解説：ロは該当する。取得しようとする顧客にとって，「著しく不利な状況」にあるため説明義務が生じる。

# 13

## 共通・一部会員
# 外国証券取引の勧誘に関する留意点

重要度★★★★★

### ■ 会員 顧客に勧誘できる外国証券 ・・・・・・・・・・・・・・・・・・・・

| 取引対象証券 | 協会員が顧客に対し勧誘を行うことができる既発行の外国株券等，外国新株予約権証券，外国新投資口予約権証券及び外国債券は，次の条件のいずれかを満たすものに限定される。 |
|---|---|
| | ①(イ) 適格外国金融商品市場において取引されている，又は取引が予定されている外国株券等，外国新株予約権証券，外国新投資口予約権証券及び外国債券。 |
| | (ロ) 上記証券の発行者が発行した外国債券。 |
| | ② 外国国債及び日本が加盟する国際機関が発行する債券。 |
| | ③ 金商法による開示が行われている外国債券及び外国優先出資証券。 |
| | ④ 国内の取引所金融商品市場で取引が行われている外国株券，外国新株予約権証券，外国新投資口予約権証券及び外国債券。 |
| | ⑤ 国内の取引所金融商品市場に発行証券を上場している発行者が発行した外国新株予約権証券，外国新投資口予約権証券及び外国債券。など |

### ■ 顧客に勧誘できる外国投資信託証券 ・・・・・・・・・・・・・・・・・・

| 要　件 | 一定の要件を満たし，**投資者保護上問題がない**ことを当該協会員が確認したものに限られる。 |
|---|---|
| | 一定の要件を満たす外国投資信託とは， |
| | ① 外国投資信託証券に関する制度や開示の法令等が整備され，その発行者を監督する監督官庁等が存在していること，外国投資信託証券の購入代金，売却代金，果実等について送受金が可能であること。 |
| | ② 募集の取扱い又は売出しに該当する場合，外国証券取引規則に定める外国投資信託証券又は外国投資証券の選別基準に適合していること。 |
| | （留意点）外国投資信託証券の発行者が，内閣総理大臣への届出を行ったものに限り，協会員は販売等を行うことができる。 |

## ■■ 投資勧誘に係る遵守事項 ・・・・・・・・・・・・・・・・・・・・・・・・・

| 投資勧誘 | 投資勧誘に際しては，**顧客の意向，投資経験及び資力等に適合した投資**が行われるよう十分配慮すること。 |
|---|---|

## ■■ 会員 勧誘を認められていない外国証券取引 ・・・・・・・・・・・・・・

| 記録の作成と管理 | 勧誘を認められている以外の外国株券等，外国新株予約権証券，外国新投資口予約権証券及び外国債券を勧誘を行わずに売付け又は売付けの媒介を行う場合には，当該注文が当該顧客の意向に基づくものである旨の記録を作成し，整理及び保管する等適切な管理を行うこと。 |
|---|---|

## ■■ 資料の提供 ・・・・・・・・・・・・・・・・・・・・・・・・・・・・・・・・・・

| 資料の保管・顧客の閲覧 | 顧客から保管の委託を受けた外国証券については，その発行者から交付された**通知書及び資料等をその到達日から3年間**（海外CD及び海外CPについては1年間）**保管**し，その顧客の閲覧に供し，請求があれば交付すること。 |
|---|---|

## ■■ 外国投資信託証券の資料の公開 ・・・・・・・・・・・・・・・・・・・・・

| 決算報告書 | 外国投資信託証券を販売した協会員は，①外国投資信託証券の発行者が決算報告書等を顧客に送付した場合，②当該外国投資信託証券の代行協会員若しくは当該外国投資信託証券を顧客に販売した他の協会員が決算報告書を電磁的方法により提供した場合，③代行協会員が決算報告書等の記載内容を要約して日刊新聞紙に掲載した場合を除き，**顧客に決算報告等を送付**すること。 |
|---|---|

## ■■ 外国証券の募集・売出しによる販売 ・・・・・・・・・・・・・・・・・・

| 目論見書の交付 | 協会員は，外国証券を募集又は売出しにより顧客に販売しようとするときは，当該外国証券に関する**目論見書をあらかじめ又は同時に顧客に交付**すること。 |
|---|---|

## ■■ 英文開示がなされる外国証券の販売の際の説明義務 ・・・・・・・・・・・

| 説明義務 | 英文開示がなされている外国証券を特定投資家以外の顧客に対して販売する際,外国会社報告書等が英語により記載される旨を**説明**し,その旨を記載した**文書を交付**すること。<br>なお,過去1年以内に同一銘柄について同一の説明をし,かつ,同一の文書を交付している場合には,この説明義務・交付義務は免除される。 |
| --- | --- |

## ■■ 売買状況等の報告義務 ・・・・・・・・・・・・・・・・・・・・・・・

| 協会に報告 | 譲渡制限のない海外発行証券を取得し,他の金融商品取引業者等に対する売付け又は売付け勧誘等を行った場合,一定の事項を協会に報告しなければならない。 |
| --- | --- |

**問題1**　**会員**　次のうち,「顧客に勧誘できる外国証券」に該当するもの
はどれか。該当するものをイ～ハから選んでいる選択肢の番号を
一つマークしなさい。

イ　金融商品取引法による開示が行われている外国債券。

ロ　外国国債及び日本が加盟する国際機関が発行する債券。

ハ　国内の金融商品市場で取引が行われている外国株券。

（選択肢）

1　該当するのはイ及びロであり, ハは該当しない。

2　該当するのはイ及びハであり, ロは該当しない。

3　該当するのはロ及びハであり, イは該当しない。

4　イ, ロ及びハすべて該当する。

解　答・解　説

**問題1**　解答：4

**問題2** 次の文章について，正しい場合は○へ，正しくない場合は×の方
ヘマークしなさい。

1 外国投資信託証券を販売した協会員は，（代行協会員が決算報告書等
の記載内容を要約して日刊新聞に掲載した場合等を除き）外国投資信託
証券の発行者が作成した決算報告書等を顧客に送付しなければならな
い。

2 **会員** 顧客に対し勧誘を行わずに既に発行された外国証券の売付け
等を行った場合でも，記録の作成・整理・保存の必要はない。

3 外国証券の投資勧誘に際しては，顧客の意向，投資経験及び資力等に
適合した投資が行われるよう十分配慮しなければならない。

4 協会員は，外国証券を募集又は売出しにより顧客に販売したときは，
当該外国証券に関する目論見書を，後日，当該顧客に交付しなければな
らない。

5 協会員は，海外の金融商品市場で取引されている外国株券，外国新株
予約権証券及び外国債券以外の外国証券を取り扱うことはできない。

---

### 解 答 ・ 解 説

**問題2** 解答：1○，2×，3○，4×，5×

解説：2は誤り。顧客に対し勧誘を行わずに既に発行された外国証
券の売付け等を行う場合，協会員が勧誘を行わなかったこと
を明確にするため，<u>当該注文が当該顧客の意向に基づくもの
である旨の記録を作成し，整理・保存</u>しなければならない。

4は誤り。目論見書を<u>あらかじめ又は同時に交付</u>しなければ
ならない。

5は誤り。一定の要件を満たし，<u>投資者保護上問題がないと
判断できる外国の金融商品市場等で取引されている証券も取
引の対象</u>となる。

**問題3** 次の「外国証券取引」に関する記述として，正しいものはどれか。正しい記述をイ～ハから選んでいる選択肢の番号を一つマークしなさい。

イ 外国投資信託証券の発行者が投信法（58条1項）に基づく内閣総理大臣への届出を行ったものに限り，協会員が販売等をできることに留意する必要がある。

ロ 協会員は，顧客から保管の委託を受けた外国証券については，当該外国証券の発行者から交付された通知書及び資料等をその到着日から1年間（海外CD及び海外CPについては6か月間）保管し，その顧客の閲覧に供し，請求があれば交付しなければならない。

ハ 譲渡制限のない海外発行証券を取得し，他の金融商品取引業者等に対する売付け又は売付け勧誘等を行った場合には，一定の事項を協会に報告しなければならない。

（選択肢）

1 正しいものはイ及びロであり，ハは正しくない。

2 正しいものはイ及びハであり，ロは正しくない。

3 正しいものはロ及びハであり，イは正しくない。

4 イ，ロ及びハすべて正しい。

Ⅳ

投資勧誘の管理

━━━ 解 答 ・ 解 説 ━━━

**問題3** 解答：2

解説：ロは誤り。到着日から3年間（海外CD及び海外CPについては1年間）保管し，その顧客の閲覧に供し，請求があれば交付しなければならない。

# 14

**会員**

# プレ・ヒアリング（事前需要調査）に関する留意点

重要度★★★★

## ■ プレ・ヒアリングとは

| | |
|---|---|
| 需要動向調査 | 上場会社等が株式等を発行しようとするとき，主幹事会社又はその関連会社が，発行体による株式等の**発行情報の公表前に**，国外の機関投資家に対して当該株式等に係る**需要動向の調査（プレ・ヒアリング）**を行うことがある。 |
| 情報管理体制を整備 | 協会員がプレ・ヒアリングにおいて，公表前の発行情報等を外部に伝達する行為により，**内部者取引が誘発される可能性**がある。これを防止するため，プレ・ヒアリングは**適切な情報管理体制を整備**のうえでなされなければならない。 |

## ■ 適切な情報管理体制の確立

| | |
|---|---|
| 協会員が需要調査を行う場合 | 次の適切な情報管理体制を講じておくこと。<br>① 法令遵守管理部門から，「需要調査を行うこと，調査対象者の範囲，提供される法人関係情報の内容，提供の時期・方法が適切である」ことについて，**あらかじめ承認を受けている**こと。<br>② 当該法人関係情報又は当該募集を行うことが公表され，又は協会員から需要調査の後，当該募集を行わないこととなったことを通知されるまでの間，原則として当該上場会社等の有価証券の売買等を行わないとの取引制限，及び原則として当該法人関係情報を調査対象者以外の者に提供しない守秘義務について，**あらかじめ調査対象者に約束させている**こと。<br>③ 原則として当該法人関係情報を調査対象者以外の者に提供しない守秘義務について，**あらかじめ調査対象者に約束させている**こと。 |

| 発行者の了解 | プレ・ヒアリングを行うには，株式等の募集を行う上場会社の**事前の了解が必要**（了解の記録保存）。 |
|---|---|
| 国内の原則禁止 | 原則として引受けを伴う国内における募集に係る**プレ・ヒアリングは行わないもの**とされている。ただし，国内における第三者割当に関するプレ・ヒアリングは禁止されていない。 |

問 題　次の文章について，正しい場合は○へ，正しくない場合は×の方
　　　へマークしなさい。

1　プレ・ヒアリングを行う際，株式の募集を行う上場会社（発行体）の
　事前の了解は必要なく，協会への届出を必要とし，その記録を保存しな
　ければならない。

2　協会員が自ら需要調査を行う場合，当該法人関係情報又は当該募集を
　行うことが公表されるまでの間は，当該上場会社の有価証券の売買を行
　うことができる。

3　協会員が当該株式に対するプレ・ヒアリングを行う場合，一定の要件
　（適切な情報管理体制の具備）を満たさずに法人関係情報を調査対象者
　に提供する行為は禁止されている。

4　協会員は，原則として引受けを伴う国内における募集に係るプレ・ヒ
　アリングを行うことができる。

解 答 ・ 解 説

解答：1×，2×，3○，4×

解説：1は誤り。株式の募集を行う<u>上場会社（発行体）の事前の了解が必要</u>で
　　　ある。

　　　2は誤り。公表されるまでの間，<u>原則として</u>当該上場会社の有価証券の
　　　売買を行うことについて<u>制限がある</u>。

　　　4は誤り。原則として引受けを伴う<u>国内における募集に係るプレ・ヒア
　　　リングは禁止</u>されている。

# 15

**会員**

# 信用取引における取引制限・禁止銘柄の勧誘に関する留意点

重要度★★★★★

## ■ 信用取引における取引制限・禁止銘柄の勧誘の自粛 ・・・・・・・・・・・

| 自　粛 | 協会員は，金融商品取引所，認可会員又は証券金融会社により次に掲げる措置が採られている銘柄については，**信用取引の勧誘を自粛**するものとされている。<br>① 金融商品取引所が信用取引の**制限又は禁止措置**を行っている銘柄。<br>② 証券金融会社が**貸株利用等の申込制限又は申込停止措置**を行っている銘柄。 |
|---|---|

## ■ 信用取引を受託する場合の措置 ・・・・・・・・・・・・・・・・・・・・・

| 措置内容を<br>顧客に説明 | 協会員は，上記①②に掲げる銘柄及び以下の銘柄について当該信用取引を受託する場合には，その顧客に対し，措置が行われている旨及びその**内容を説明**しなければならない。<br>① 金融商品取引所又は認可会員が信用取引に係る**委託保証金の率の引上げ措置**を行っている銘柄。<br>② 証券金融会社が**貸株利用等に関する注意喚起通知**を行った銘柄。 |
|---|---|
| 説明を要し<br>ないケース | ① 顧客が投資運用業を行うものである場合。<br>② 顧客の取引が，投資運用業を行う者が指図を行う口座において行われる場合。<br>③ あらかじめ顧客自身より，上記の説明が今後不要である旨の申出があり，かつ，これらの事項について，当該顧客が十分理解していると協会員が認める場合。 |

※「認可会員」とは，内閣総理大臣（金融庁長官）から上場株券等の私設取引システム（PTS）運営業務の認可を受けた会員のこと。

**問　題**　次のうち，「信用取引の勧誘を自粛すべき銘柄」に該当するものはどれか。該当するものをイ～ハから選んでいる選択肢の番号を一つマークしなさい。

イ　金融商品取引所が信用取引の制限又は禁止措置を行っている銘柄。

ロ　証券金融会社が貸株利用等の申込制限又は申込停止措置を行っている銘柄。

ハ　金融商品取引所が信用取引に係る委託保証金の率の引上げ措置を行っている銘柄。

（選択肢）

1　該当するのはイ及びロであり，ハは該当しない。

2　該当するのはイ及びハであり，ロは該当しない。

3　該当するのはロ及びハであり，イは該当しない。

4　イ，ロ及びハすべて該当する。

**解答**：1

**解説**：ハは該当しない。これは<u>自粛の対象ではなく</u>，その銘柄が「信用取引に係る委託保証金の率の引上げ措置を行っている銘柄」である旨及びその内容を<u>顧客に対して説明しなければならない</u>。

## 16

**会員**

# 公募株等・新規上場株式の入札取次ぎに関する留意点

重要度★★★★

■ **公募株等の配分** ・・・・・・・・・・・・・・・・・・

| 公正な配分 | 協会員は，募集等の引受け等を行うにあたっては，**市場の実勢，投資需要の動向等を十分に勘案したうえで，当該募集等の引受け等に係る株券等の配分が，公正を旨とし，合理的な理由なく特定の投資家に偏ることのないよう**努めなければならない。 |
|---|---|
| 親引けの原則禁止 | 引受会員は，株券等の募集又は売出しの引受けを行うにあたっては，**原則として親引けを行ってはならない。** |
| 親引けとは | **発行者が指定する**販売先へ公募株を売り付けることをいう。 |

■ **公募株配分の公平化** ・・・・・・・・・・・・・・・・

| 配分方法 | ① 新規公開株式の**一部抽選**（原則，個人顧客に配分予定の10%以上を抽選）。<br>② 特定の顧客に対する**過度な集中配分・不公正な配分の禁止。**<br>③ 協会員は，配分の**基本方針を策定し，**店頭掲示又はホームページへの掲載等の方法により投資家に周知すること。協会が求める場合には，当該基本方針を協会に提出し，併せてできるだけ**詳細かつ具体的な社内規則**を制定すること。 |
|---|---|

■ **新規上場株式の入札取次ぎに関する留意点** ・・・・・・・・

| 取次ぎ禁止 | 競争入札による公募等において，次の者の取次ぎを行うことはできない。<br>① 新規上場申請者の**特別利害関係者。**<br>② 新規上場申請者の**大株主上位10名。**<br>③ 新規上場申請者の**従業員**（従業員持株会は含まれない）。 |
|---|---|
| | ④ **金融商品取引業者並びにその役員，**人的関係会社及び資本的関係会社。 |

（注）特別利害関係者とは，役員，その配偶者及び二親等内の血族及びこれらにより議決権の過半数を所有されている会社並びに関係会社及びその役員をいう。

**問　題**　次の文章について，正しい場合は○へ，正しくない場合は×の方
　　　　　　へマークしなさい。

1　引受会員は，株券等の募集又は売出しの引受けを行うにあたっては，
　　原則として親引けを行ってはならない。

2　新規上場株式の入札の際，当該新規上場申請者の従業員からの入札の
　　取次ぎを行うことができる。

3　新規公開株式の個人株主への配分にあたっては，原則として，自社が
　　個人顧客に配分を行う予定数量の5％以上については抽選により配分
　　を決定するものとする。

4　新規公開株式の抽選以外の方法による配分については，特定の顧客に
　　対し過度な集中配分及び不公正な配分を行ってはならない。

5　新規上場株式の入札の際，金融商品取引業者並びにその役員から入札
　　の取次ぎを行うことはできない。

解　答　・　解　説

解答：1○，2×，3×，4○，5○
解説：2は誤り。新規上場申請者の従業員からの入札の取次ぎはできない。
　　　3は誤り。予定数量の10％以上について抽選により配分すること。

# 17 共通
# 公社債の取引公正性の確保に関する留意点
重要度★★★★

## ■ 取引公正性の確保 ・・・・・・・・・・・・・・・・・・・・

| 適正な価格<br>による取引 | 協会員は，顧客との間で公社債（新株予約権付社債を除く）の店頭売買を行うにあたっては，**合理的な方法で算出された時価（＝社内時価）**を基準として適正な価格で取引を行うこと。 |
|---|---|

## ■ 発行日前取引における説明事項 ・・・・・・・・・・・・・・・

| 発 行 日 前<br>取引とは | 国債が当初予定された発行日に発行されることを停止条件として，**発行日より前に約定を行い，発行日以降に受渡決済を行う**売買取引をいう。 |
|---|---|
| 説 明 義 務 | 協会員は，国債の発行日前取引を初めて行う顧客に対し，**あらかじめ当該取引が停止条件付売買であること及び停止条件不成就**（＝国債発行の中止又は延期）**の場合の取扱い**などについて説明すること。 |

## ■ 小口投資家との取引における公正性の確保への配慮 ・・・・・・・・・

| 小口投資家<br>と　　は | **額面1,000万円未満の取引を行う顧客**（適格機関投資家などを除く）である。 |
|---|---|
| 公 正 性 に<br>配　　　慮 | 協会員は，価格情報の提示及び公社債店頭取引の知識啓発に十分留意し，**より一層取引の公正性に配慮**すること。 |

## ■■ 異常な取引の禁止 ・・・・・・・・・・・・・・・・・・・・・・・・・・

| 異常な取引とは | 協会員は，**顧客の損失を補塡し，又は利益を追加する目的をもって行う次の行為**（＝異常な取引）を行ってはならない。<br>① 同一銘柄の公社債店頭取引において，当該顧客又は第三者に有利となり，協会員に不利となる価格での売付けと買付けを同時に行う取引。<br>② 顧客に公社債を売却し，又は顧客から買い付ける際に，当該顧客に有利となるように買い戻し，若しくは売却すること，又は約定を取り消すことをあらかじめ約束して行う取引（現先取引を除く）。<br>③ 第三者と共謀し，顧客に公社債を売却し，又は顧客から買い付ける際に，その顧客が確実に利益を得ることがその第三者に売却し，又は買い付けることによって可能となるよう，あらかじめ約束して行う取引。 |
|---|---|
| 異常な取引に該当する可能性 | 協会員は，顧客との間で「**短期間**」に公社債の売買を行い，かつ，顧客に「**相当の利益**」が発生している取引については，「異常な取引」に該当する可能性があることに留意し，顧客との約定及びその確認，記録保管等，**一層厳格な社内管理**を行うよう努めること。 |
| 具 体 例 | 「短期間」とは，**4 営業日以内**。「相当の利益」とは，**額面100円につき30銭以上の利益**が顧客に発生している場合。 |

## ■■ 取引記録の作成・保存及び社内時価の整理・保存 ・・・・・・・・・・・

| 伝票の作成・整理・保存等 | 協会員は，約定時刻等を記載した伝票等を速やかに作成し，整理，保存する等**適切な管理**を行わなければならない。 |
|---|---|
| 社 内 時 価 | 社内時価を毎日，整理・保存すること（ただし，社内時価を一定のルールで算出している場合は，その根拠を整理・保存することで足りる）。 |
| 社内管理体制 | 協会員は社内規程を定めるとともに，社内検査及び監査を含めた**社内管理体制の整備及びその適切な運営**に努めること。 |

投資勧誘の管理

**問題1** 次の文章について，正しい場合は○へ，正しくない場合は×の方
へマークしなさい。

1 協会員は，顧客との間で公社債（新株予約権付社債を除く）の店頭売
買を行うにあたっては，合理的な方法で算出された時価（＝社内時価）
を基準として適正な価格により取引を行わなければならない。

2 同一銘柄の公社債店頭取引において，顧客の損失を補塡し，又は利益
を追加する目的をもって，顧客又は第三者に有利となり，協会員に不利
となる価格での売付けと買付けを同時に行う取引は，異常な取引として
禁止されている。

3 発行日前取引とは，国債の発行日より前に売買取引の約定を行い，同
様に発行日の前に反対売買を行う取引である。

4 協会員は，顧客の利益を追加する目的で，顧客に公社債を売却し，又
は顧客から買い付ける際に，当該顧客に有利となるように買い戻し，若
しくは売却することをあらかじめ約束して行う取引（現先取引を含む）
は異常な取引として禁じられている。

5 協会員は，顧客との間で「短期間」に公社債の売買を行い，かつ，顧
客に「相当の利益」が発生している取引については，「異常な取引」に
該当する可能性があることに留意し，顧客との約定及びその確認，記録
保管等について，一層厳格な社内管理を行うよう努めなければならな
い。

解　答　・　解　説

**問題1**　解答：1○，2○，3×，4×，5○

解説：3は誤り。発行日前取引とは，国債が当初予定された発行日
に発行されることを停止条件として，発行日より前に約定を
行い，発行日以降に受渡決済を行う売買取引である。
4は誤り。この場合，本文に書かれている部分は異常な取引
に該当するが，「現先取引」に限っては，異常な取引には該
当しない。

**問題2** 公社債取引において,「異常な取引」に該当する可能性があるのは,次のうちどれか。該当するものをイ〜ハから選んでいる選択肢の番号を一つマークしなさい。

イ 協会員が顧客との間で約定ベース,受渡ベースとも,それぞれ7営業日以内に公社債の売付けと買付けを行い,かつ,額面100円につき30銭以上の利益が顧客に発生している。

ロ 協会員が顧客との間で約定ベース,受渡ベースとも,それぞれ7営業日以内に公社債の売付けと買付けを行い,かつ,額面100円につき20銭以上の利益が顧客に発生している。

ハ 協会員が顧客との間で約定ベース,受渡ベースとも,それぞれ2営業日以内に公社債の売付けと買付けを行い,かつ,額面100円につき40銭以上の利益が顧客に発生している。

(選択肢)

1 該当しないものはイ及びロであり,ハは該当する。

2 該当しないものはイ及びハであり,ロは該当する。

3 該当しないものはロ及びハであり,イは該当する。

4 イ,ロ及びハすべて該当しない。

解 答 ・ 解 説

**問題2** 解答:1

解説:ハは該当する。「異常な取引」に該当する可能性があるのは,短期間(4営業日以内)のうちに,公社債の売付けと買付けを行い,かつ,相当の利益(額面100円につき30銭以上の利益)が顧客に発生している場合である。

# 18
# 外国証券の国内店頭取引の公正性確保に関する留意点

重要度★★★

## ■ 取引公正性の確保 ・・・・・・・・・・・・・・・・・・・・・・・・

| 適正な価格による取引 | 協会員は，顧客との間で国内の取引所金融商品市場に未上場の外国株券等，外国新株予約権証券，外国新投資口予約権証券及び外国債券の売買を行うにあたっては，**合理的な方法で算出された時価（＝社内時価）**を基準として適正な価格で取引を行い，その公正性を確保しなければならない。 |
|---|---|

## ■ 小口投資家との取引における公正性 ・・・・・・・・・・・・・・・

| 小口投資家とは | **邦貨換算約定金額1,000万円未満の取引を行う顧客**（適格機関投資家等を除く）である。 |
|---|---|
| 公正性に配慮 | 協会員は，価格情報の提示及び国内店頭取引の知識啓発に十分留意し，**より一層取引の公正性に配慮**すること。 |

## ■ 異常な取引の禁止 ・・・・・・・・・・・・・・・・・・・・・・・・

| 異常な取引 | 協会員は，**顧客への損失を補填や利益追加の目的をもって行う次のような異常な行為**を行ってはならない。 |
|---|---|
| | ① 同一銘柄の外国債券の国内店頭取引において，顧客の損失を補填し，又は利益に追加する目的をもって，当該顧客又は第三者に有利となり，協会員に不利となる価格で売付けと買付けを同時に行う取引。 |
| | ② 顧客に有利となるように買い戻し，若しくは売却すること，又は約定を取り消すことをあらかじめ約束して行う取引。 |
| | ③ 第三者と共謀し，顧客が確実に利益を得ることが，その第三者に売却し，又は買い付けることによって可能となるよう，あらかじめ約束して行う取引。 |

| 厳格な社内管理 | 協会員が顧客との間で「**短期間**」の売買を行い，かつ，顧客に「**相当の利益**」が発生している取引については，「異常な取引」に該当する可能性があることに留意し，顧客との約定及びその確認，記録保管等につき，**一層厳格な社内管理**を行うよう努めること。 |
|---|---|
| 具 体 例 | 「短期間」とは，**2営業日以内**。「相当の利益」とは，**額面金額につき1％以上の利益**が顧客に発生しているものをいう。 |

## ■ 取引記録の作成・保存及び社内時価の整理・保存 ・・・・・・・・・・・

| 取 引 記 録 | 協会員は，**約定時刻等**を記載した注文伝票等を速やかに作成のうえ，**整理・保存**等の適切な管理を行うこと。 |
|---|---|
| 社 内 時 価 | 協会員は，原則として自社が算出した**社内時価を毎日，整理・保存**のこと。ただし，社内時価を一定のルールで算出している場合は，その根拠を整理・保存することで足りる。 |
| 社内時価が入手困難 | 社内時価の入手困難な銘柄又は継続的な算定を行っていなかった銘柄について取引を行った場合，相場情報処理業者を通じて入手した気配，主たる取引市場における価格又は気配その他の取引に参考となった情報を保存すること。 |

**問題1** 次の文章について，正しい場合は○へ，正しくない場合は×の方へマークしなさい。

1 小口投資家とは，邦貨換算約定金額100万円未満の取引を行う顧客（適格機関投資家などを除く）である。

2 協会員は，顧客との間で国内証券取引所に未上場の外国株券等，外国新株予約権証券，外国新投資口予約権証券及び外国債券の売買を行うにあたっては，合理的な方法で算出された時価（＝社内時価）を基準として適正な価格により取引を行い，公正性を確保しなければならない。

3 協会員が顧客との間で国内証券取引所に未上場の外国株券等，外国新株予約権証券，外国新投資口予約権証券及び外国債券の売買を行うにあたっては，社内時価の入手が困難な銘柄又は継続的な算定を行っていない銘柄については，取引公正性確保を図る規制の対象外である。

4 協会員は，顧客への損失を補塡や利益追加の目的で，顧客に外国証券を売却又は顧客から買い付ける際に，当該顧客に有利となるように買い戻し，若しくは売却すること，又は約定を取り消すことをあらかじめ約束して売買取引を行ってはならない。

## 解 答・解 説

**問題1** 解答：1×，2○，3×，4○

解説：1は誤り。邦貨換算約定金額1,000万円未満の取引を行う顧客（適格機関投資家等を除く）である。

3は誤り。社内時価の入手が困難な銘柄又は継続的な算定を行っていない銘柄についても，合理的かつ適正な方法により社内時価を算定しなければならない。

**問題2** 外国証券の国内店頭取引における「異常な取引」に関する記述の
うち，正しいものはどれか。正しいものをイ～ハから選んでいる
選択肢の番号を一つマークしなさい。

イ 異常な取引の可能性があるとされる「短期間の売買」とは，売付けと
買付けが約定ベース，受渡日ベースとも，それぞれ4営業日以内である
ことをいう。

ロ 異常な取引の可能性があるとされる「相当の利益」とは，額面金額に
つき1％以上の利益が顧客に発生していることをいう。

ハ 協会員が顧客との間で短期間の売買を行い，かつ，当該顧客に相当の
利益が発生しているものについては，「異常な取引」に該当する可能性
がある。

（選択肢）

1 正しいものはイ及びロであり，ハは正しくない。

2 正しいものはイ及びハであり，ロは正しくない。

3 正しいものはロ及びハであり，イは正しくない。

4 イ，ロ及びハすべて正しい。

解 答 ・ 解 説

**問題2** **解答**：3

**解説**：イは誤り。外国証券の国内店頭取引における「短期間」の売
買は，2営業日以内である。

## 19

**特別会員**
# 自動的な信用供与の禁止

重要度★★★★★

**■ 信用供与の禁止** ・・・・・・・・・・・・・・・・・・・・・・・・・・・・・

| | |
|---|---|
| 自動的な信用<br>供 与 の 禁 止 | ① 特別会員は，登録金融機関業務に係る取引について，顧客に対して，**損失の穴埋め，委託証拠金の新規又は追加の差入れのための**信用の供与を自動的に行ってはならない。<br>② 明らかに**委託証拠金の新規又は追加の差入れのための信用の供与を行ってはならない。** |
| 当 座 貸 越 の<br>禁　　　　止 | ① 新規に国債証券等に係る有価証券先物取引等の専用口座（＝債券先物取引用口座）を設定し，当該口座について**当座貸越を禁止する。**<br>② 同一名義人の当座貸越設定口座から，債券先物取引用口座への**自動振替を行わないこと。** |
| 担当者の役割 | 特別会員は，国債証券等に係る有価証券先物取引等に係る入金については，顧客の意思を確認するため，債券先物取引用口座への入金の処理について，あらかじめ当該顧客に対する**担当者を決め，**かつ，当該顧客又は当該**顧客の資金担当者を登録**させて，**入金の都度，事前に電話等で当該顧客の了解を得る**こと。 |

**問　題**　次の「信用供与の禁止」に関する記述として正しいものはどれか。正しいものをイ〜ハから選んでいる選択肢の番号を一つマークしなさい。

イ　特別会員は，登録金融機関業務に係る取引について，顧客に対して，損失の穴埋め，委託証拠金の新規又は追加の差入れのための信用の供与を自動的に行ってはならない。

ロ　新規に国債証券に係る有価証券先物取引の専用口座（＝債券先物取引用口座）を設定し，当該口座について当座貸越を行ってはならない。

ハ　同一名義人の当座貸越設定口座から，債券先物取引用口座への自動振替は禁じられていない。

（選択肢）

1　正しいものはイ及びロであり，ハは正しくない。

2　正しいものはイ及びハであり，ロは正しくない。

3　正しいものはロ及びハであり，イは正しくない。

4　イ，ロ及びハすべて正しい。

解 答 ・ 解 説

**解答**：1

**解説**：ハは誤り。同一名義人の当座貸越設定口座から，債券先物取引用口座への自動振替は禁じられている。

# 20

**共通・一部会員**

# 広告等の表示及び景品類の提供に関する規則

重要度★★★★★

## ▌▌ 誇大広告の禁止 ・・・・・・・・・・・・・・・・・・・・・・・・・・

| 表 示 方 法 | 協会員は，その行う金融商品取引業の内容について広告その他の類似行為をするときは，**著しく事実に相違する表示をしたり，又は著しく人を誤認させるような表示**をしてはならない。 |
|---|---|

## ▌▌ 自主規制による広告等の表示及び景品類の提供に関する規制 ・・・・・・

| 基 本 原 則 | 協会員は，投資者保護の精神に則り，取引の信義則を遵守し，品位の保持を図るとともに，的確な情報提供及び明瞭かつ正確な表示に努めること。 |
|---|---|
| 禁 止 行 為 | ① 取引の信義則に反するもの。<br>② 協会員としての品位を損なうもの。<br>③ 金商法等に違反する表示のあるもの。<br>④ 脱法行為を示唆する表示のあるもの。<br>⑤ 投資者の投資判断を誤らせる表示のあるもの。<br>⑥ 協会員間の公正な競争を妨げるもの。<br>⑦ 恣意的又は過度に主観的な表示のあるもの。<br>⑧ **判断，評価等が入る場合**において，その**根拠を明示**しないもの。 |
| 内 部 監 査 | ① 協会員は，広告等の表示又は景品類の提供の審査を行う**広告審査担当者を任命**すること。<br>② 協会員は，広告等の表示又は景品類の提供を行うときは，上記禁止行為に該当する事実がないかどうかを**広告審査担当者に審査**させること。<br>③ 協会員は，その従業員が広告審査担当者の審査を受けずに，**従業員限り**で広告等の表示又は景品類の提供を行うことのないようにしなければならない。 |

| アナリスト・レポートとは | 多数の投資者に対する情報提供を目的とした資料で，個別の企業の分析，評価等が記載された資料である。 |
|---|---|
| 社内管理体制 | 協会員は，アナリスト・レポートの社内審査及び保管，情報管理，アナリストの意見の独立性の確保，アナリストの証券取引等に関し，**社内規則の制定**など社内管理体制を整備し，同レポートの作成，公表等に係る業務が**適正・公正に遂行**されるよう努めること。 |
| 社内審査 | ① 協会員は，アナリスト・レポートの表示内容及び評価が適正・合理的なものになるよう努めること。<br>② 同レポートの公表等にあたっては，**審査担当者**による審査を行うこと。<br>③ 審査にあたっては，禁止行為に該当しないこと，同レポートの表示内容及び評価が社内指針に照らし適正・合理的ものであること，レーティング・目標株価が記載されている場合，レーティングの定義，目標株価の根拠・達成の予想期間が明確に表示されていることに留意すること。 |
| 利益相反の表示 | アナリスト・レポートの対象会社と協会員又は同レポートの作成者であるアナリストの間に重大な利益相反の関係がある場合，同レポートへの一定の**表示の禁止**，又は**執筆の禁止措置**を講じる必要がある。 |
| 外部アナリストの執筆 | 外部アナリストが作成するアナリスト・レポートを当該外部アナリストの所属する会社との契約に基づき公表等する場合，当該会社による社内審査が行われていることが明らかなときは，**その審査をもって，同レポートを公表等する協会員が審査を行ったものとみなす。** |

**IV**

投資勧誘の管理

**問題1** 次の文章について，正しい場合は○へ，正しくない場合は×の方へマークしなさい。

1 協会員がその金融商品取引業の内容について，広告その他の類似行為をするときは，著しく事実に相違する表示をし，又は著しく人を誤認させるような表示をしてはならない。

2 協会員は，その行う金融商品取引業の内容について広告その他の広告類似行為をするときは，法定の事項を表示しなければならない。

3 **会員** アナリスト・レポートの使用にあたっては，レーティング・目標株価が記載されている場合，レーティングの定義，目標株価の根拠・達成の予想期間が明確に表示されていることに留意しなければならない。

4 **会員** アナリスト・レポートの対象会社と協会員又は当該レポートの作成者であるアナリストの間に重大な利益相反の関係がある場合でも，協会員は，特別な措置を講じる必要はない。

5 **会員** アナリスト・レポートの使用にあたっては，審査担当者を定め，審査させなければならない。

解 答 ・ 解 説

**問題1** 解答：1○，2○，3○，4×，5○

解説：4は誤り。当該レポートへの一定の表示の禁止，又は執筆の禁止措置を講じる必要がある。

**問題2** 次の文章のうち,「広告等の表示および景品類の提供に関する規則」において規定される協会員が行ってはならない広告等の表示に該当するものはどれか。該当するものをイ～ハから選んでいる選択肢の番号を一つマークしなさい。

イ 協会員として品位を損なうもの

ロ 協会員間の公正な競争を妨げるもの

ハ 判断,評価等が入る場合において,その根拠を明示していないもの

（選択肢）

1 該当するのはイ及びロであり,ハは該当しない。

2 該当するのはイ及びハであり,ロは該当しない。

3 該当するのはロ及びハであり,イは該当しない。

4 イ,ロ及びハすべて該当する。

解 答 ・ 解 説

**問題2** 解答：4

# V

顧客注文の受託の管理

V

## 共通・一部会員
# 受託内容確認・取引態様の事前明示／受託契約準則の遵守
重要度★★★★

■ **会員** 受託内容の確認・・・・・・・・・・・・・・・・・・・

| | |
|---|---|
| 注文伝票の作成 | 協会員は，顧客から注文を受ける際，**顧客調査**等を行うことに加え，その都度，以下の事項を確認し，**速やかに注文伝票**を作成すること。 |
| 確認事項 | ①自己又は委託の別，②顧客の氏名又は名称，③取引の種類（現金取引／信用取引又は発行日取引など），④銘柄，⑤売付け又は買付けの区別，⑥受注数量，⑦約定数量，⑧指値又は成行の区別（指値の場合，その価格及び注文の有効期限を含む），⑨受注日時，⑩約定日時，⑪約定価格。 |

■ **取引態様の事前明示**・・・・・・・・・・・・・・・・・・・

| | |
|---|---|
| 事前明示 | 協会員は，顧客からの取引注文を**どのような取引態様により成立させるかを事前に明示**しなければならない。すなわち，あらかじめ，①その者に対し自己がその相手方となって当該売買若しくは取引を成立させるか。又は②媒介，取次ぎ，若しくは代理して当該売買又は取引を成立させるかの別を明らかにすること。 |

■ **会員** 受託契約準則・・・・・・・・・・・・・・・・・・・

| | |
|---|---|
| 受託契約準則とは | 金融商品取引所の取引参加者等が顧客から取引所金融商品市場における取引について，**注文を受ける場合に守るべきルール**について，金融商品取引所が取り決めた規則である。<br>なお，顧客が特定投資家である場合には，取引態様の事前明示は必要ない。 |

■ **会員** 受託契約準則の遵守・・・・・・・・・・・・・・・・

| | |
|---|---|
| 顧客・取引参加者は遵守 | 顧客及び取引参加者は，この準則を熟読し，これを**遵守すべきこと**に同意して，すべての取引を処理するものとする。 |

顧客に説明　取引所金融商品取引所における取引の注文の受託は，**すべて受託契約準則で画一的に処理される**ため，協会員は，自ら受託契約準則を遵守するとともに，**顧客に対して，取引所金融商品市場における取引の注文の受託は，すべて受託契約準則に従って処理されること**，また受託契約準則の内容等について**十分説明**する必要がある。

**問　題**　次の文章について，正しい場合は○へ，正しくない場合は×の方へマークしなさい。

1 **会員**　協会員は，注文の受託にあたっては，顧客に対して，取引所金融商品市場における取引の注文の受託は，すべて受託契約準則に従って処理されること，また受託契約準則の内容等について十分説明することが必要である。

2 **会員**　受託契約準則では「顧客及び取引参加者は，この準則を熟読し，これを遵守すべきことに同意してすべての取引を処理するものとする」旨が規定されている。

3 **会員**　協会員は，受託契約準則に従わなければならないが，顧客は規定の対象外である。

4　協会員は，顧客から有価証券の売買又は店頭デリバティブ取引に関する注文を受けたときは，あらかじめ，当該取引注文をどのような取引形態により成立させるかの別を明らかにしなければならない。

5　金商法上，顧客が特定投資家である場合でも，取引態様の事前明示が必要である。

**解　答 ・ 解　説**

解答：1○，2○，3×，4○，5×

解説：3は誤り。顧客と協会員の双方が従わなければならない。

　　　5は誤り。顧客が特定投資家である場合には，取引態様の事前明示は必要とされていない。

顧客注文の受託の管理

# 2 共通 顧客の注文に係る取引の適正な管理

重要度★★★★★

## ■ 顧客注文に係る取引

| 取引を峻別 | 協会員は，有価証券の売買その他の取引等において，顧客の注文に係る取引と自己の計算による取引とを**峻別**しなければならない。 |
|---|---|
| 具 体 例 | 協会員は，顧客の注文に係る取引を適正に管理し（顧客の注文に係る伝票の速やかな作成・整理・保存，自己の計算による取引と区分するための番号等の端末機への入力等），かつ，かかる管理に資する事項を社内規則で定めること。 |
| 注 文 管 理 体 制 | ① 協会員は，最良執行義務を適切に履行するために**十分な管理体制を整備**すること。<br>② 協会員が行う取引所金融商品市場における有価証券の売買等に関して，**注文の受託及び発注が誤った内容となることを未然に防止**するため，注文管理に関する社内規則の制定やシステム対応を進めること。 |

問題 次の記述のうち，正しいものはどれか。正しいものをイ～ハから選んでいる選択肢の番号を一つマークしなさい。

イ 協会員は，顧客の注文に係る取引と自己の計算による取引とを峻別しなければならない。

ロ 協会員は，最良執行義務を適切に履行するために十分な管理体制を整備しなければならない。

ハ 協会員は，顧客の注文に係る取引を適正に管理し，かつ，かかる管理に資する事項を社内規則で定めなければならない。

（選択肢）

1 正しいものはイ及びロであり，ハは正しくない。

2 正しいものはイ及びハであり，ロは正しくない。

3 正しいものはロ及びハであり，イは正しくない。

4 イ，ロ及びハすべて正しい。

解答・解説

解答：4

# 3

# 信用取引，新株予約権証券取引，新投資口予約権証券取引及びデリバティブ取引等の節度ある利用

重要度★★★★★

## ■ 契約の締結 ・・・・・・・・・・・・・・・・・・・・・・・・・・・・・・・

| | |
|---|---|
| 対象取引 | **信用取引**，新株予約権証券，新投資口予約権証券の売買その他の取引，有価証券関連デリバティブ取引等，特定店頭デリバティブ取引等及び商品関連市場デリバティブ取引取次ぎ等の契約。 |
| 節度ある運営 | これらの取引等の契約の締結にあたっては，各社の規模，業務の実情に応じて，**節度ある運営**を行うとともに，**過度になることのないよう常時留意**しなければならない。 |

## ■ 総合的な管理 ・・・・・・・・・・・・・・・・・・・・・・・・・・・・・・

| | |
|---|---|
| 重複取引の評価損益 | 協会員は，顧客の有価証券関連デリバティブ取引等，特定店頭デリバティブ等及び商品関連市場デリバティブ取引取次ぎ等の建玉，損益，委託証拠金，預り資産等の状況について，適切な把握に努めるとともに，**当該取引等を重複して行う顧客の評価損益については，総合的な管理**を行うこと。 |

**問　題**　次の文章について，正しい場合は○へ，正しくない場合は×の方
　　　　　へマークしなさい。

1　協会員は，有価証券関連デリバティブ取引，特定店頭デリバティブ等
　　及び商品関連市場デリバティブ取引取次ぎ等を重複して行う顧客の評価
　　損益については，それぞれ個別に管理しなければならない。

2　協会員は，信用取引，新株予約権証券，新投資口予約権証券の売買そ
　　の他の取引，有価証券関連デリバティブ取引等，特定店頭デリバティブ
　　取引等及び商品関連市場デリバティブ取引取次ぎ等の契約の締結につい
　　ては，各社の規模，業務の実情に応じて，節度ある運営を行うととも
　　に，過度になることのないよう常時留意しなければならない。

―――――――――― 解 答 ・ 解 説 ――――――――――

**解答**：1×，2○

**解説**：1は誤り。評価損益については，<u>総合的な管理</u>を行わなければならな
　　　い。

# 4

## 共通
# 新規顧客及び大口顧客からの前受金等の預託管理

重要度★★★★★

■■ 取引の安全性確保 ・・・・・・・・・・・・・・・・・・・・・・・・・・・・・

| 新規顧客，大口取引顧客の注文 | 協会員は，新規顧客，大口取引顧客等からの注文の受託に際しては，**あらかじめ顧客から買付代金又は売付有価証券の全部又は一部の預託を受ける**等，**取引の安全性の確保**に努めなければならない。 |
|---|---|
| 大 口 取 引 | 大口取引の規模及び預託を受けるべき注文の範囲，受託制限の判断などは，各協会員が社内規程などで実情に応じて定めること。 |

■■ 前受金等の預託の必要性 ・・・・・・・・・・・・・・・・・・・・・・・・・・

| 原 則 | 協会員は，取引所金融商品市場における有価証券の売買等（金融商品取引所の定める売買立会による売買及び立会による取引に限る）について，顧客（機関投資家等を除く）から注文を受託するにあたっては，原則として，当該顧客より買付代金又は売付有価証券の**事前預託**を受けること。 |
|---|---|
| 前 受 金 等 | **前受金等の預託**を受けることは，取引の決済を安全，確実に実行するために必要である。 |
| 理 由 | ① 同時に顧客がその協会員のほか，他の協会員に同一銘柄の反対注文を出し片方のみ未決済とする，いわゆる「鉄砲商い」の防止。<br>② 馴れ合い売買，仮装売買，相場操縦まがいの取引の未然防止。 |

**問　題**　次の文章について，正しい場合は○へ，正しくない場合は×の方
へマークしなさい。

1　大口取引顧客については，顧客から買付代金又は売付有価証券の前受
けをしなくても，取引を執行することができる。

2　新規顧客から注文を受託するに際しては，あらかじめ顧客から買付代
金又は売付有価証券の全部又は一部の預託を受けたうえで，取引を執行
する必要がある。

3　前受金等の預託は，取引の決済を安全，確実に実行するために必ず守
らなければならない。

4　同時に顧客がその協会員のほか，他の協会員に同一銘柄の反対注文を
出し片方のみ未決済とする，いわゆる「鉄砲商い」の防止のためにも，
前受金は必要である。

5　馴れ合い売買，仮装売買，相場操縦まがいの取引を未然に防止するた
めにも，顧客からの買付代金又は売付有価証券の事前預託が必要であ
る。

解 答 ・ 解 説

解答：1×，2○，3○，4○，5○

解説：1は誤り。大口取引顧客から注文を受託するに際しては，あらかじめ顧
客から買付代金又は売付有価証券の全部又は一部の預託を受けたうえ
で，取引を執行する必要がある。

**共通・一部会員**
# 仮名取引の受注の管理

重要度★★★★★

## ■ 仮名取引

| 仮名取引とは | 口座名義人とその口座で行われる取引の効果帰属者が一致しない取引のことで，例えば，顧客が架空名義あるいは他人名義を使用してその取引の法的効果を得ようとする取引のことをいう。 |
| --- | --- |

## ■ 仮名取引のチェック

| 取引時確認記録のチェック | ① 顧客本人による取引であることの**確認を確実**に実施しているか，記録の作成・保存状況を確認すること。<br>② **顧客カード**の記録事項をチェック。 |
| --- | --- |
| 受注時のチェック | ① **会員** **公募株，売出し株等の配分**で，同一営業員扱いの新規顧客が重なる場合に注意。<br>② **会員** **家族名義の株式取引**は，名義人本人の資産でなければならないので，確認チェックが必要。<br>③ **名義人と異なる者からの注文**は，その実態を確認チェック。<br>④ 取引確認済みの顧客との取引においても，顧客が当該記録と同一であることを確認することにより，なりすましの可能性がないかを確認すること。<br>⑤ **同一営業員扱いの複数顧客からの同一銘柄の同時注文**は，仮名取引の可能性があるので，チェック。 |
| 受渡し時のチェック | ① 照合通知書などの**郵便物が返戻**された場合，必ずチェック。<br>② 同一営業員扱いの受渡し時の受領書，精算書等の**同一筆跡かどうかチェック**。<br>③ 名義書換時の名義，保護預り，受入代用有価証券の名義等についても注意。 |

（注） 架空名義口座又は借名口座を使用した取引であるとの疑いが生じた場合には，疑わしい取引の届出の要否を検討する必要がある。

**問 題** 次の文章について，正しい場合は○へ，正しくない場合は×の方
へマークしなさい。

1 **会員** 家族名義の株式取引は，名義人本人の資産でなければならない
とは限らない。

2 照合通知書などの郵便物が返戻された場合は，必ずチェックする必要
がある。

3 同一営業員扱いの複数顧客からの同一銘柄の同時注文は，営業努力の
結果として当然あり得ることである。

4 **会員** 公募株，売出し株等の配分で，同一営業員扱いの新規顧客が重
なる場合，仮名取引の可能性があるので注意する必要がある。

5 架空名義口座又は借名口座を使用した取引であるとの疑いが生じた場
合には，疑わしい取引の届出の要否を検討する必要がある。

解 答 ・ 解 説

**解答**：1×，2○，3×，4○，5○

**解説**：1は誤り。<u>名義人本人の資産</u>でなければならない。その資産が他の家族
の所有であるべきではない。

3は誤り。複数顧客からの同一銘柄の同時注文は，<u>仮名取引の可能性が
あるので，チェックする必要</u>がある。

# 6

## 安定操作期間・ファイナンス期間中の受注の管理

重要度★★★★

### ■ 安定操作取引の禁止 ・・・・・・・・・・・・・・・・

| 原則禁止 | 何人も，政令で定めるところに違反して，取引所金融商品市場における上場金融商品等の**相場をくぎ付け**し，固定し，又は安定させる目的をもって，一連の有価証券売買等又はその申込み，委託等若しくは受託等をしてはならない。 |
|---|---|

### ■ 安定操作期間とファイナンス期間 ・・・・・・・・・・・・・・・

| 安定操作取引ができる場合 | 安定操作取引は，**例外**として，**有価証券の募集**（50名以上の者を相手方として行うものに限る）若しくは**特定投資家向け取得勧誘**（50名以上の者を相手方として行うものに限る）又は**有価証券の売出し**，若しくは**特定投資家向け売付け勧誘等**を容易にするために取引所金融商品市場において一連の有価証券売買等を行う場合に限って認められている。 |
|---|---|
| 認められる理由 | 大量の有価証券が一時に市場に放出される場合には，そのままでは市場価格が下落して募集等に応じようとする投資家を確保することが難しくなり，**価格の安定を図る必要**が生じるため，例外的に安定操作取引を認めるのである。 |
| 安定操作期間 | 安定操作取引のできる期間を安定操作期間といい，概ね**発行価格・売出価格等の決定日の翌日から募集・売出し等の申込期間の終了日まで**。 |
| ファイナンス期間 | 募集又は売出し等に関する**取締役会決議等が行われた日の翌日から払込日・受渡日までの期間**をいう。この期間中は作為的相場形成が行われるおそれのある注文でないか等，受注・執行の管理に注意を払うこと。 |

## ▌ ファイナンス・安定操作期間（一例）・・・・・・・・・・・・・・・・・

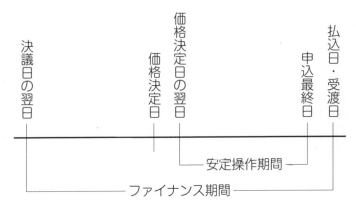

## ▌ 安定操作取引又はその委託等を行うことができる者・・・・・・・・・・

| 自己の計算で安定操作取引ができる協会員 | ① 元引受契約を締結する金融商品取引業者として，**有価証券届出書に記載**された協会員。 <br> ② 元引受契約を締結する金融商品取引業者として，**あらかじめ発行者が有価証券を上場する金融商品取引所に通知した協会員。** |
|---|---|
| 安定操作取引の委託ができる者 | 発行者の役員，売出し又は特定投資家向け売付け勧誘等に係る有価証券の所有者，発行者の関係会社の役員，発行者の関係会社（子会社を除く），**発行者があらかじめ当該金融商品取引所に通知した者。** |
| 目論見書記載 | 目論見書に安定操作取引が行われることがある旨，並びに安定操作取引を行う取引所金融商品市場の名称などを**記載**すること。 |

V

顧客注文の受託の管理

■ 安定操作期間・ファイナンス期間の禁止行為 ・・・・・・・・・・・・・

| 禁　　　止 | ① 募集又は売出しの決議日の翌日から価格決定の日までの間，相場操縦の禁止等の規制がかかっている。<br>② 元引受協会員は，安定操作期間中において自己の計算による買付け行為は禁止されている（ただし，安定操作取引及び金融商品取引所の定める規則において，**有価証券の流通の円滑化を図るために必要と認められる買付け等を除く**）。<br>③ 元引受協会員は，他の協会員に買付委託等をする行為，発行者の計算による買付けの受託等の行為，安定操作取引の委託等をすることができる者による買付けの受託等の行為等も禁止（ただし，**安定操作取引の受託等を除く**）。<br>④ 安定操作取引又はその受託等をした協会員は，その最初に安定操作取引を行った時から安定操作期間終了日まで，**投資者に安定操作取引が行われた旨を表示しないで，当該銘柄の買付けの受託又は売付けなどをしてはならない。** |
| --- | --- |

■ 安定操作期間・ファイナンス期間中の受注のチェック ・・・・・・・・・

| 安定操作期間中の受注 | 一定の要件を満たしているかを確認し，安定操作取引である旨を明示して発注すること。また，場合によっては，本社売買管理部門等に照会することも必要。 |
| --- | --- |
| ファイナンス期間中の受注 | ファイナンス銘柄の確認と，当該顧客が発行者の関係者かどうか，顧客カードの職業・勤務先欄，又は内部者登録カードにより確認が必要。 |
| 点　　　検 | **ファイナンス期間中の銘柄の注文が多くなる場合**，投資勧誘の有無を点検する必要もある。 |

**問題1** 次の文章について，正しい場合は○へ，正しくない場合は×の方
ヘマークしなさい。

1 原則として何人も，政令で定めるところに違反して，取引所金融商品
市場における上場金融商品等の相場をくぎ付けし，又は安定させる目的
をもって，一連の有価証券売買等又は申込み，委託等若しくは受託等を
してはならない。

2 ファイナンス期間は，概ね募集又は売出しの価格の決定日の翌日から
募集及び売出しの申込最終日までをいう。

3 安定操作期間は，募集又は売出しに関する取締役会決議等が行われた
日の翌日から払込日までをいう。この期間中は作為的相場形成が行われ
るおそれのある注文でないか等，受注・執行の管理に注意を払わなけれ
ばならない。

4 元引受協会員は，いかなる場合も，安定操作期間中における自己の計
算による買付けを行ってはならない。

5 目論見書には，安定操作取引が行われることがある旨，並びに安定操
作取引を行う取引所市場の名称などを記載しなければならない。

━━━━━ 解 答 ・ 解 説 ━━━━━

**問題1** 解答：1○，2×，3×，4×，5○
解説：2は誤り。この記述は，安定操作取引期間の説明である。
3は誤り。この記述は，ファイナンス期間の説明である。
4は誤り。安定操作取引及び金融商品取引所の定める規則に
おいて，有価証券の流通の円滑化を図るために必要と認めら
れる買付けなどの場合は，認められる。

**問題2** 次の「安定操作期間・ファイナンス期間中における受注のチェック」に関する記述として正しいものはどれか。正しいものをイ〜ハから選んでいる選択肢の番号を一つマークしなさい。

イ　受注要件を満たしているかを確認し，確認できればそのまま発注することができる。

ロ　ファイナンス期間中の銘柄の注文の受託は，ファイナンス銘柄の確認と，当該顧客が発行者の関係者かどうか，顧客カードの職業・勤務先欄，又は内部者登録カードにより確認する必要がある。

ハ　ファイナンス期間中の銘柄の注文が多くなる場合は，投資勧誘の有無を点検する必要がある。

（選択肢）

1　正しいのはイ及びロであり，ハは正しくない。

2　正しいのはイ及びハであり，ロは正しくない。

3　正しいのはロ及びハであり，イは正しくない。

4　イ，ロ及びハすべて正しい。

解 答 ・ 解 説

**問題2**　解答：3

解説：イは誤り。受注要件を満たしているかを確認するとともに，安定操作である旨を明示して発注することが必要である。

**問題3** 次の「自己の計算で安定操作取引を行うことができる者」として，正しいものはどれか。正しいものをイ～ハから選んでいる選択肢の番号を一つマークしなさい。

イ 元引受契約を締結する金融商品取引業者として，有価証券届出書に記載された協会員。

ロ 金融商品取引業者として，内閣総理大臣の登録を受け，金融商品取引業を営む協会員。

ハ 元引受契約を締結する金融商品取引業者として，あらかじめ発行者が有価証券を上場する金融商品取引所に通知した協会員。

（選択肢）

1 正しいものはイ及びロであり，ハは正しくない。

2 正しいものはイ及びハであり，ロは正しくない。

3 正しいものはロ及びハであり，イは正しくない。

4 イ，ロ及びハすべて正しい。

解 答・解 説

**問題3** 解答：2

解説：ロは誤り。これは一般の金融商品取引業者であり，自己の計算で安定操作取引を行うことができない。

## 7

共通

# 一括受注の取引管理

重要度★★★

## ■ 一括受注の取引注文 · · · · · · · · · · · · · · · · · · · · · · ·

| 一括注文の意味 | いわゆる「投資グループ」が投資者の委任を受けた形で行う一括注文を想定している。 |
|---|---|
| 一括注文の排除 | 不特定かつ多数の投資者を勧誘して，有価証券の売買又はデリバティブ取引についての委任を受けている者から，当該投資者の計算において行う取引であることを知りながら，**あらかじめ当該投資者の意思を確認することなく，それらの取引を受託することは規制**されている。 |
| 投 資 運 用 業 | 投資運用業を行う金融商品取引業者等が行う取引については，**本規則の適用はない。** |

## ■ 一括受注の取引管理 · · · · · · · · · · · · · · · · · · · · · · ·

| 管 理 の 基 本 | 一括受注を防止するためには，取引開始時の**的確な本人確認の励行**が有効である。また，取引状況を調査し，顧客の状況を常に把握する必要がある。 |
|---|---|
| チ ェ ッ ク ・ ポ イ ン ト | ① 顧客の投資対象が常に特定の銘柄に偏っている場合，及び売買頻度が高く大口取引を行っている場合。<br>② 管理者と面識の少ない顧客が比較的大口取引を行っている場合。<br>③ 貸金業者，消費者金融等の金融会社から売買注文を受けている場合。<br>④ 預り有価証券の入出庫が頻繁に行われている場合，及び大量の受渡しが常時社外で行われている場合。 |

**問　題**　「一括受注」の取引管理を行う観点から，チェックする必要があるケースとして，正しいものをイ～ハから選んでいる選択肢の番号を一つマークしなさい。

イ　顧客の投資対象が常に特定の銘柄に偏っている場合，及び売買頻度が高く大口取引を行っている場合。

ロ　管理者と面識の少ない顧客が比較的大口取引を行っている場合。

ハ　貸金業者，消費者金融等の金融会社から売買注文を受けている場合。

（選択肢）

1　正しいのはイ及びロであり，ハは正しくない。

2　正しいのはイ及びハであり，ロは正しくない。

3　正しいのはロ及びハであり，イは正しくない。

4　イ，ロ及びハすべて正しい。

解　答・解　説

**解答**：4

**解説**：すべてのケースで，チェックする必要がある。

# 8

## 共通・一部会員
# 反社会的勢力との取引の禁止

重要度★★★★★

## ■ 反社会的勢力との取引の禁止 ・・・・・・・・・・・・・・・

| 背　　　景 | 暴力団の反社会的活動を防止するために，暴対法が制定されている。金融商品取引業においても，暴力団の資金獲得活動を助長するような行為は，厳に慎み抑制しなければならない。 |
|---|---|
| 暴力的要求行　　　為 | 取引に絡んで指定暴力団員の**暴力的要求行為**や指定暴力団員と特定の関係を有する者が指定暴力団員の**威力を示して行う準暴力的要求行為**の禁止が定められている。 |

## ■ 暴対法が定める禁止行為（金融商品取引関係）・・・・・・・・・・・

| 不当な取引の　要　求 | 協会員が拒絶しているにもかかわらず金融商品取引行為を行うことを要求し，又は協会員が信用取引を行う条件として示している事項に反して**著しく有利な条件で信用取引を行うことを要求**する行為は禁止行為である。 |
|---|---|
| 金 品 要 求 | 協会員の勧誘を受けて行った有価証券の売買その他の取引において，有価証券の価格若しくは金融指標の上昇若しくは下落により損失を被ったとして，**損害賠償**その他これに類する名目でみだりに**金品等の供与を要求**する行為は禁止行為である。 |

## ■ 会員 日本証券業協会のルール ・・・・・・・・・・・・・・・

| 取引の禁止 | 相手方が反社会的勢力であることを知りながら，<br>① 当該相手方との間で有価証券等の**取引等を行ってはならない**。<br>② 当該相手方への**資金提供などの便宜の供与を行ってはならない**。 |
|---|---|
| 確　　　認 | 初めて有価証券の売買その他の取引に係る顧客の口座を開設しようとする場合は，あらかじめ，当該顧客から**反社会的勢力でない旨の確約を受ける**こと。 |
| 審　　　査 | ① 初めて口座を開設する顧客に対する**審査の結果**，顧客が反社会的勢力であることが判明した場合は，当該顧客と契約を締結して |

| | はならない。<br>② 既に口座を開設している顧客に関する定期的な審査及び協会が必要と認める場合の審査の結果，顧客が反社会的勢力であることが判明した場合は，**可能な限り速やかに関係解消**に努めること。 |
|---|---|
| 発行者が反社会的勢力 | ① 引受審査において，仮に発行者等が反社会的勢力であるか又は関係があると判明した場合，**元引受契約を締結してはならない**。<br>② 元引受契約において，発行者等が反社会的勢力でないことの確約を定め，仮に確約が虚偽と認められたり，反社会的勢力に該当すると認められた場合，会員の申し出により**元引受契約が解除**されることを規定すること。 |

**問　題**　次の「反社会的勢力との取引」に関する記述として正しいものはどれか。正しいものをイ～ハから選んでいる選択肢の番号を一つマークしなさい。

イ　会員は，相手方が反社会的勢力であることを知りながら，当該相手方への資金供与その他便宜の供与を行ってはならない。

ロ　会員は，原則として，相手方が反社会的勢力であることを知りながら，当該相手方との間で有価証券の売買等の取引を行ってはならない。

ハ　会員は，既存顧客が反社会的勢力であることが判明した場合，やむを得ず，通常どおりの取引を継続することになる。

（選択肢）

1　正しいのはイ及びロであり，ハは正しくない。

2　正しいのはイ及びハであり，ロは正しくない。

3　正しいのはロ及びハであり，イは正しくない。

4　イ，ロ及びハすべて正しい。

解 答 ・ 解 説

解答：1

解説：ハは誤り。顧客が反社会的勢力であることが判明した場合には，当該顧客と契約を締結してはならず，また<u>可能な限り速やかに関係解消に努めなければならない</u>。

V

顧客注文の受託の管理

# 9

**会員**
## 店頭有価証券の注文受託の管理

重要度★★★

### ■ 店頭有価証券（フェニックス銘柄等以外）

| 成行禁止 | 協会員は，店頭有価証券については，**成行注文を受託してはならず**，また信用取引を行ってはならない。 |
|---|---|
| 価格情報 | 協会員は，店頭有価証券の価格等情報を提示する場合は，価格等情報と併せて協会員名，取扱部店名，価格等情報の提示日，価格等情報は売り気配又は買い気配ではない旨を明示しなければならない。 |

### ■ フェニックス銘柄

| 成行禁止 | 協会員は，フェニックス銘柄については，**成行注文を受託してはならず**，また信用取引を行ってはならない。 |
|---|---|
| 確　認 | 取引を行うに際し，取引が金商法や関係法令等に反しないものであることを確認すること。 |
| 管理体制 | 取扱会員等は，確認のために必要な社内規則及び売買管理体制を整備すること。 |
| 取引形態 | フェニックス銘柄等の店頭取引は，委託の媒介，取次ぎ若しくは代理又は仕切りの形式により，会員間又は会員と顧客との間の相対売買により行わなければならない。 |

### ■ 株主コミュニティ制度

　グリーンシート銘柄制度が，2018年3月31日限りで廃止された代わりに，新たに非上場株式の取引制度として，株主コミュニティ規則に基づく「株主コミュニティ制度」が創設された。

| 制　度 | 株主コミュニティ制度とは，**一の店頭有価証券に対する投資意向を有する投資者を帰属させるための集合体**である。 |
|---|---|

| 運営する会員 | ① 株主コミュニティを運営する会員は，株主コミュニティの参加者以外の者に対して，**株主コミュニティ銘柄の投資勧誘を行ってはならない。**<br>② 株主コミュニティへの**参加を勧誘すること**が禁止される。 |
|---|---|
| 注文の受託 | 会員は，株主コミュニティ銘柄については，**成行注文を受託してはならず，また信用取引を行ってはならない。** |

**問 題** 次の「株主コミュニティ制度」に関する記述として，正しいものはどれか。正しい記述をイ～ハから選んでいる選択肢の番号を一つマークしなさい。

イ 株主コミュニティを運営する会員は，株主コミュニティの参加者以外の者に対して，株主コミュニティへの参加を勧誘できる。

ロ 株主コミュニティを運営する会員は，株主コミュニティの参加者以外の者に対して，株主コミュニティ銘柄の投資勧誘を行ってはならない。

ハ 会員は，株主コミュニティ銘柄については，成行注文を受託してはならず，また信用取引を行ってはならない。

（選択肢）

1 正しいものはイ及びロであり，ハは正しくない。

2 正しいものはイ及びハであり，ロは正しくない。

3 正しいものはロ及びハであり，イは正しくない。

4 イ，ロ及びハすべて正しい。

解 答 ・ 解 説

解答：3

解説：イは誤り。株主コミュニティを運営する会員は，株主コミュニティの参加者以外の者に対して，株主コミュニティへの<u>参加を勧誘してはならない</u>。

# 10

**共通**

# 最良執行方針の策定等

重要度★★★★★

## ■■ 最良執行方針等の策定 ・・・・・・・・・・・・・・・・・・・・・・・

| 策　　定 | ① 協会員は，上場投資信託（会員については上場株券等），取扱有価証券（フェニックス銘柄）の売買に関する顧客の注文について，**最良の取引の条件で執行するための方針及び方法（＝最良執行方針等）を定め**なければならない。<br>② 最良執行方針は，銘柄ごとに最良の取引の条件で執行するための**方法及びその方法を選択した理由**を記載して定めなければならない。 |
|---|---|
| 注文の執行 | 協会員は，**最良執行方針等**に従い，有価証券等取引に関する注文を執行しなければならない。 |

## ■■ 最良執行方針等の公表・交付 ・・・・・・・・・・・・・・・・・・・・

| 公　　表 | 協会員は，最良執行方針等を公表しなければならない。 |
|---|---|
| 事 前 交 付 | 上場株券等に関する注文を受けようとするときは，**あらかじめ**，顧客に対し，その取引に係る最良執行方針等を記載した書面を交付すること。ただし，既に当該書面を交付しているときは，この限りではない。 |

## ■■ 最良執行説明書の交付 ・・・・・・・・・・・・・・・・・・・・・・・

| 顧客の請求 | 協会員は，有価証券等取引に関する顧客注文の執行後3か月以内にその顧客から請求があったときは，銘柄，数量，売付け又は買付けの別，受注日時，約定日時及び執行した金融商品市場その他の執行方法を記載した**最良執行説明書（＝当該注文が最良執行方針等に従って執行された旨を説明した書面）**を，その請求日より原則20日以内に交付しなければならない。 |
|---|---|

**問　題**　次の文章について，正しい場合は○へ，正しくない場合は×の方
　　　　　へマークしなさい。

1　最良執行方針等は，銘柄ごとに最良の取引の条件で執行するための方
　法を記載しており，その方法を選択した理由までは記載されていない。

2　最良執行方針等は社内規程であり，協会員は，これを公表する必要は
　ない。

3　上場株券等に関する注文を受けようとするときは，原則として，あら
　かじめ，顧客に対し，その取引に係る最良執行方針等を記載した書面を
　交付しなければならない。

4　協会員は，有価証券等取引に関する顧客注文の執行後3か月以内にそ
　の顧客より請求があったときは，銘柄，数量，売付け又は買付けの別，
　受注日時，約定日時及び執行した金融商品市場その他の執行方法を記載
　した最良執行説明書を，その請求日より原則20日以内に交付しなければ
　ならない。

解　答・解　説

解答：1×，2×，3○，4○

解説：1は誤り。銘柄ごとに最良の取引の条件で執行するための方法及び<u>その</u>
　　　<u>方法を選択した理由を記載</u>されていなければならない。

　　　2は誤り。協会員は，<u>最良執行方針等を公表</u>しなければならない。

# VI

## 受渡し・保管等の管理

## 共通・一部会員
# 分別管理義務

重要度★★★★

■ **分別管理制度** ・・・・・・・・・・・・・・・・・・・・・・・・・・・・

| 分別管理とは | 協会員は，**顧客から預託を受けた有価証券を自己の固有財産と分別**して管理しなければならない。 |
|---|---|
| 分別管理の目的 | 協会員が金融商品取引業を廃止した場合，財務状況が悪化した場合や協会員が破綻（倒産）等した場合に，顧客から預託を受けた金銭や有価証券を確実に顧客に返還できるようにすることにある。 |

■ **分別管理の対象** ・・・・・・・・・・・・・・・・・・・・・・・・・・・

| | 分別管理の対象 | 分別管理の対象外 |
|---|---|---|
| 金銭 | 預り金 | 本担保現金（信用取引によって株式を借りて売り付けた代金） |
| | 有価証券関連デリバティブ取引の証拠金 | |
| | 募集等受入金等 | |
| | 信用取引・発行日決済取引の保証金（会員のみ） | |
| 有価証券 | 保護預り契約又は振替決済口座管理契約に基づき顧客から受け入れた有価証券 | 本担保証券（信用取引によって買建てられている有価証券） |
| | 保証金・証拠金の代用有価証券等 | 消費寄託契約又は消費貸借契約に基づき受け入れた有価証券等 |

■ **分別管理の方法** ・・・・・・・・・・・・・・・・・・・・・・・・・・・

| 有価証券 | **（自社で単純保管）**顧客有価証券と協会員の固有有価証券の保管場所を明確に区分し，顧客有価証券について，どの顧客の有価証券であるかが直ちに判別できるように，顧客別等により保管することにより管理すること。 |
|---|---|

| | |
|---|---|
| | （第三者による単純保管）協会員が自社で保管する場合と同様。 |
| | （自社で混蔵保管）顧客有価証券の保管場所と固有有価証券等の保管場所を明確に区分し，各々の顧客の持分について，自社の帳簿（コンピューターでも可）で直ちに判別できる状態で保管することにより管理すること。 |
| | （第三者による混蔵保管）第三者において，協会員自身の取引口座と顧客のための口座を区分する等の方法により，顧客有価証券に係る持分が直ちに判別でき，かつ各々の顧客の持分が自社の帳簿により直ちに判別できる状態で保管させることにより管理すること。 |
| | （振替法）振替口座簿において顧客有価証券として明確に管理する。 |
| 金　　　銭 | **顧客分別金信託**として，国内において**信託会社等に信託**すること。なお，顧客の有価証券のうち，顧客の同意のもとに第三者の担保に供した場合は，その有価証券の時価相当額についても顧客分別金として信託する必要がある。 |

## ■ 区分管理の方法 ・・・・・・・・・・・・・・・・・・・・・・・・・・・

| | |
|---|---|
| 有　価<br>証　券　等 | **（単純保管）**<br>①　顧客有価証券等については，どの顧客の有価証券等であるかが直ちに判明できるように，顧客別あるいは証券の記番号順等により保管することにより管理すること。<br>②　第三者に保管させる場合も，同様に管理させること。<br><br>**（混合保管）**<br>①　顧客有価証券等の保管場所と固有有価証券等の保管場所を明確に区分し，各々の顧客の持分について，自社の帳簿（コンピューターでも可）で直ちに判別できる状態で保管・管理すること。<br>②　第三者に保管させる場合，顧客有価証券等に係る持分が直ちに判別でき，かつ，各々の顧客の持分が自社の帳簿により直ちに判別できる状態で保管・管理すること。<br><br>**（振替法に基づく口座管理）**<br>振替法に基づく振替口座簿において，顧客有価証券等として明確に区分して管理すること。 |
| 金　銭　等 | 顧客に返還すべき額に相当する金銭を管理することを目的として，国内において，**信託会社等**に信託すること。 |

■ **会員** 分別管理状況の監査 ・・・・・・・・・・・・・・・・・・・・・・・・・

分別管理監査 協会員等は，分別管理の状況について，毎年1回以上定期的に，**公認会計士又は監査法人による分別管理の法令遵守に関する保証業務に係る分別管理監査**を受けなければならない。

**問題1** 次の文章について，正しい場合は○へ，正しくない場合は×の方へマークしなさい。

1 分別管理とは，協会員が顧客から預託を受けた金銭や有価証券を，協会員の固有資産と厳格に分別又は区分して管理する制度である。

2 信用取引によって買い建てられている株券は分別管理される。

3 契約により協会員が消費できる有価証券についても，分別管理の対象となる。

4 金銭については，顧客分別金信託として，国内において信託会社等に信託することとされている。

5 協会員が自社で保管する場合には，顧客有価証券と，固有有価証券の保管場所を区分する必要はなく，単純にどの顧客の有価証券であるかが判別できるように管理されていることが大切である。

6 保証金・証拠金の代用有価証券は，分別管理の対象外となる。

---

#### 解答・解説

**問題1** **解答**：1○，2×，3×，4○，5×，6×

**解説**：2は誤り。分別管理の対象外とされている。

3は誤り。協会員が消費できる有価証券については，分別管理の対象外とされている。

5は誤り。協会員で単純保管する場合は，顧客有価証券と，固有有価証券の管理場所を明確に区分し，さらにどの顧客の有価証券であるかが直ちに判別できるように管理することとされている。

6は誤り。分別管理の対象となる。

**問題2**　次の文章のうち，「分別管理」に関する記述として正しいものはどれか。正しいものをイ〜ハから選んでいる選択肢の番号を一つマークしなさい。

イ　分別管理義務の目的は，協会員が金融商品取引業を廃止した場合，財務状況が悪化した場合や協会員が破綻（倒産）等した場合に，顧客から預託を受けた金銭や有価証券を確実に顧客に返還できるようにすることにある。

ロ　有価証券関連デリバティブ取引に関する取引証拠金額として顧客から預託を受けた金銭は分別管理の対象外である。

ハ　協会員等は，分別管理の状況について，毎年1回以上定期的に，公認会計士又は監査法人による分別管理の法令遵守に関する保証業務に係る分別管理監査を受けなければならない。

（選択肢）

1　正しいのはイ及びロであり，ハは正しくない。

2　正しいのはイ及びハであり，ロは正しくない。

3　正しいのはロ及びハであり，イは正しくない。

4　イ，ロ及びハすべて正しい。

解　答　・　解　説

**問題2**　解答：2

解説：ロは誤り。<u>分別管理の対象である。</u>

## 共通
# 届出印の登録と印鑑照合

重要度★★★★

### ■ 届出印の登録

| 届 出 印 | 顧客が，総合取引開始時などに協会員所定の申込書に届け出た印鑑の印影が届出印となる。 |
|---|---|

### ■ 返還又は金銭の支払時の印鑑照合

| 印 鑑 照 合 | 協会員は，顧客から保護預り証券の返還又は金銭の支払の請求を受けたときは，顧客から所定の書類に必要事項の記入，届出印鑑の押なつを受けたうえ，**相当の注意をもって印鑑照合**を行うこと。 |
|---|---|
| 顧客へ通知 | 印鑑照合を行うとき，顧客との間で直接金銭又は有価証券の受渡しを行わない場合（＝金融機関を通じて金銭の受渡しを行う場合又は振替決済により有価証券の受渡しを行う場合）を除き，金銭若しくは有価証券の**受渡しに関する事項を当該顧客へ適切に通知**しなければならない。 |

### ■ 免責事項

| 責任の所在 | 所定の証書に押なつされた印影と**届出印鑑が相違ないものと認め**，保護預り証券の返還・金銭の支払をした場合，顧客に生じた損害について，**協会員はその責任を負わない。** |
|---|---|
| | 同印影が**届出印鑑と相違すると認め**，保護預り証券の返還・金銭の支払をしなかった場合，顧客に生じた損害について，**協会員はその責任を負わない。** |

**問題** 次の文章について，正しい場合は○へ，正しくない場合は×の方
　　　　へマークしなさい。

1　印鑑照合を行うとき，顧客との間で直接金銭又は有価証券の受渡しを
　行わない場合を除き，金銭若しくは有価証券の受渡しに関する事項を当
　該顧客へ適切に通知しなければならない。

2　所定の書類に押なつされた印影と届出印鑑が相違ないものと認め，保
　護預り証券の返還・金銭の支払をした場合，顧客に生じた損害につい
　て，協会員はその責任の一端を負わなければならない。

3　同印影が届出印鑑と相違すると認め，保護預り証券の返還・金銭の支
　払をしなかった場合，顧客に生じた損害について，協会員はその責任の
　一端を負わなければならない。

4　顧客より口座設定申込書に押なつされた印影が届出印となり，協会員
　は有価証券等の返還や金銭の支払の際，印鑑照合を行う。

5　協会員は，顧客から保護預り証券の返還又は金銭の支払の請求を受け
　たときは，顧客に所定の書類に必要事項を記入させ，届出印鑑の押なつ
　を受けたうえ，相当の注意をもって印鑑照合を行わなければならない。

解答：1○，2×，3×，4○，5○

解説：2は誤り。協会員が<u>責任を負うことはない</u>。

　　　3は誤り。協会員が<u>責任を負うことはない</u>。

# 3 共通 契約締結時交付書面

重要度★★★★★

## ■ 交 付

| 書面の交付 | 協会員は，以下の場合，**遅滞なく契約締結時交付書面を作成し，顧客に交付する**こと。<br>① 金融商品取引契約が成立したとき。<br>② 投資信託契約又は外国投資信託に係る信託契約の全部又は一部の解約があったとき。<br>③ 投資口の払戻しがあったとき。<br>④ 有価証券の売買その他の取引若しくはデリバティブ取引等に係る金融商品取引契約が成立したとき等。<br>⑤ 商品ファンド関連取引に係る金融商品取引契約を締結しているとき。 |
|---|---|

## ■ 交付の方法

| 郵　送 | 金融商品取引契約が成立したときは，遅滞なく契約締結時交付書面を作成し，顧客の住所，事務所の所在地又は顧客の指定した場所に**郵送**すること。また，顧客が法人又はこれに準じる団体である場合，主管責任者又は主管責任者の承認を受けた従業員が契約締結時交付書面を当該顧客の事務所に持参して直接交付したときは，これを郵送したものとみなされる。 |
|---|---|
| 電磁的方法 | あらかじめ，顧客から，契約締結時交付書面に記載すべき事項を電磁的方法により提供することについて，**書面又は電磁的方法による承諾を得た場合には**，契約締結時交付書面の書面による交付に代えて，**電磁的方法により提供**することができる。 |

## ■ 注意事項

| 発 信 簿 | 交付日及び交付方法を発信簿その他の帳票に記録すること。 |
|---|---|

| 郵便未着 | ① 郵便未着の場合には，返戻理由を記録・保存し，返戻された契約締結時交付書面は作成後**5年間保存**すること。<br>② 上記未着理由が解消された場合は，**改めて顧客に契約締結時交付書面を交付**すること。 |
|---|---|

## ▌▌ 交付が不要な場合 ・・・・・・・・・・・・・・・・・・・・・・・・・・・

| 交付不要 | 協会員は，金融商品取引契約の内容等の事情を勘案し，契約締結時交付書面を顧客に交付しなくても，公益又は投資者保護のため支障を生ずることがないと認められる場合には，当該書面を交付しなくてもよい。主なケースは以下のとおり。 |
|---|---|
| 定期的に交付しているとき | 顧客に対し当該金融商品取引契約の内容を記載した書面を**定期的に交付**し，かつ，当該顧客からの個別の取引に関する照会に，**速やかに回答できる体制**が整備されているとき。<br>（事例）① **累積投資契約による**有価証券の買付け又は累積投資契約に基づき定期的にする有価証券の売付け。<br>② 顧客が所有する投資信託・外国投資信託の受益証券等から生じる**収益金をもって，当該受益証券等と同一の銘柄を取得**させるものなど。 |
| 取引条件を記載した契約書交付のとき | 金融商品取引契約が成立した場合であって，**契約するごとに当該取引条件を記載した契約書を交付するもの**であるとき。<br>（事例）債券等の買戻条件付売買・売戻条件付売買，選択権付債券売買，店頭デリバティブ取引，有価証券の引受けなど。 |

## ▌▌ 照会に対する回答 ・・・・・・・・・・・・・・・・・・・・・・・・・・・

| 回答 | 顧客からの照会の受付け又はこれに対する回答は，**協会員の検査，監査又は管理を担当する部門**において行う。 |
|---|---|

## ▌▌ 写しの保存及び発信簿への記録 ・・・・・・・・・・・・・・・・・・・・・

| 写しの保存 | 協会員は，契約時交付書面の写しを，**作成後5年間保存**すること。 |
|---|---|

協会員は，契約締結時交付書面を顧客に交付したときは，その交付日及び交付方法を発信簿等の帳票に記録し，その事実が容易に確認できるようにすること。

**問題1** 次の文章について，正しい場合は○へ，正しくない場合は×の方へマークしなさい。

1 顧客から契約締結時交付書面に関しての照会があった場合には，検査，監査又は管理を担当する部門が窓口となって確認し，営業担当者が回答することとされている。

2 契約締結時交付書面が顧客に未到着となったときは，返戻理由を記録・保存し，返戻された契約締結時交付書面は作成後5年間保存しなければならない。

3 売買が成立後，遅滞なく契約締結時交付書面を顧客の住所，事務所の所在地又は顧客の指定した場所に郵送することとされている。

4 協会員は，顧客から投資信託契約又は外国投資信託に係る信託契約の全部又は一部の解約があったときは，契約締結時交付書面を交付する必要はない。

5 顧客が累積投資契約による有価証券の買付け又は累積投資契約に基づき定期的にする有価証券の売付けを行うこととなっているものについては，契約締結時交付書面を交付しなくてもよい。ただし，当該顧客からの個別の取引に関する照会に対して，速やかに回答できる体制が整備されていることが必要である。

## 解 答・解 説

**問題1** 解答：1×，2○，3○，4×，5○

解説：1は誤り。検査，監査又は管理を担当する部門が窓口となり，確認のうえ同担当部門が回答することとされている。

4は誤り。この場合，協会員は，契約締結時交付書面を作成し，顧客に交付しなければならない。

**問題2** 次の「契約時締結交付書面の交付」に関する記述として，正しいものはどれか。正しい記述をイ～ハから選んでいる選択肢の番号を一つマークしなさい。

イ 契約締結時交付書面に関して，顧客からの照会の受付け又はこれに対する回答は，協会員の検査，監査又は管理を担当する部門において行うものとされている。

ロ 協会員は，投資信託契約又は外国投資信託に係る信託契約の全部又は一部の解約があったときは，契約締結時交付書面の交付は不要である。

ハ あらかじめ，顧客から，契約締結時交付書面に記載すべき事項を電磁的方法により提供することについて，書面又は電磁的方法による承諾を得た場合には，契約締結時交付書面の書面による交付に代えて，電磁的方法により提供することができる。

（選択肢）

1 正しいものはイ及びロであり，ハは正しくない。
2 正しいものはイ及びハであり，ロは正しくない。
3 正しいものはロ及びハであり，イは正しくない。
4 イ，ロ及びハすべて正しい。

受渡し・保管等の管理

解 答 ・ 解 説

**問題2** 解答：2

解説：ロは誤り。協会員は，契約締結時交付書面を作成し，顧客に交付しなければならない。

**共通**

# 取引残高報告書

重要度★★★

## ■ 交 付

| 交付義務 | 協会員は，一定期間内に行われた金融商品取引の内容及び当該一定期間の末日における有価証券及び金銭の残高を顧客が確認できるよう，**取引残高報告書を作成し，顧客に交付**しなければならない。 |
|---|---|

## ■ 交付の方法

| 原 則 | ① 金融商品取引契約が成立し，又は有価証券，商品若しくは金銭の受渡しを行った場合，顧客口座ごとに取引残高報告書を作成し，**四半期ごとに交付**すること。また，顧客から都度交付の請求があった場合には，契約成立又は受渡しの都度，取引残高報告書を交付すること。<br>② 直近に取引残高報告書を作成した日から1年間，当該金融商品取引契約が成立しておらず，又は受渡しを行っていない場合であって，**金銭又は有価証券の残高があるとき**は，**1年ごとの交付**で足りる。 |
|---|---|

## ■ 交付が不要な場合

| 外国政府等で事前承諾 | 顧客が外国政府，外国の政府機関，外国の地方公共団体，外国の中央銀行及び日本国が加盟している国際機関であって，当該顧客の権限ある者から書面等により，**あらかじめ取引残高報告書の交付を要しない旨の承諾**を得，かつ，当該顧客からの取引残高に関する照会に対して**速やかに回答できる体制が整備**されている場合。 |
|---|---|
| 公開買付けに係るもの | **公開買付者を相手方**として公開買付けに係る有価証券の買付けの媒介又は代理を行う場合。 |
| 引受けに係るもの | 有価証券売買等の取引若しくはデリバティブ取引等に係る受渡しが有価証券の引受けに係るものである場合など。 |

## ■■ 写しの保存 ・・・・・・・・・・・・・・・・・・・・・・・・・・・・

5年間保存　協会員は、取引残高報告書の**写しを、作成後5年間保存**すること。

**問　題**　次の文章について、正しい場合は○へ、正しくない場合は×の方
へマークしなさい。

1　取引残高報告書は、顧客口座ごとに作成し、原則として半年ごとに交
付しなければならない。

2　金銭又は有価証券の残高があるときであって、取引又は金銭若しくは
有価証券の受渡しがなかった場合には、取引残高報告書の交付を要しな
い。

3　協会員は、取引残高報告書の写しを、作成後2年間保存しなければな
らない。

4　協会員は、契約締結時交付書面による約定報告に基づく受渡決済の状
況とその後の残高について、取引残高報告書を作成し、顧客に交付しな
ければならない。

5　一定の条件を満たす場合には、取引残高報告書の書面による交付に代
えて、電子情報処理組織を使用する方法等により提供することができ
る。

### 解 答 ・ 解 説

解答：1×，2×，3×，4○，5○

解説：1は誤り。原則として四半期ごとに交付しなければならない。

　　　2は誤り。直近に取引残高報告書を作成した日から1年間、当該金融商
品取引契約が成立しておらず、又は当該受渡しを行っていない場合で
あっても、金銭又は有価証券の残高があるときは、1年ごとに取引残高
報告書を交付しなければならない。

　　　3は誤り。作成後5年間保存しなければならない。

# 5

## 照合通知書

重要度★★★★★

### ■ 作成・報告

| | |
|---|---|
| 報 告 義 務 | 協会員は，顧客に対する債権債務の残高について，照合通知書により当該顧客に報告を行わなければならない。 |
| 作 　 成 | 協会員の**検査，監査又は管理を担当する部門**が作成する。 |

### ■ 交付の方法

| | |
|---|---|
| 郵 　 送 | 顧客の住所，事務所の所在地又は顧客が指定した場所に郵送すること。 |
| 例 　 外<br>（直接交付） | ただし，「**直ちに顧客に交付できる状態**」にある場合で，①当該顧客に主管責任者が店頭において直接交付する場合。②当該顧客から交付方法について特に申出があり，必要事項を記載した協会員所定の様式による念書を徴求している場合は，郵送を要しない。 |

### ■ 報告頻度

| | |
|---|---|
| 回 　 数 | 有価証券の売買その他の取引のある顧客・・・・・（1年に1回以上） |
| | 有価証券関連デリバティブ取引のある顧客<br>特定店頭デリバティブ取引のある顧客・・・・・（1年に2回以上）<br>商品関連デリバティブ取引のある顧客・・・・・（　同　上　） |
| | 金銭又は有価証券の残高がある顧客で，上記に掲げる<br>取引又は受渡しが1年以上行われていない顧客・・・・・（随　時） |
| | ただし，**報告を行う時点で，金銭又は有価証券の残高がない顧客で，直前に行った報告以後1年に満たない期間においてその残高があったものには，現在その残高がない旨の報告を照合通知書により行わなければならない。** |

## ■ 顧客からの残高照合に対する回答 ・・・・・・・・・・・・・・・・・・・

| | |
|---|---|
| 照 会 が あったとき | 協会員は，金銭又は有価証券の残高について顧客からの照会があったときは，**遅滞なく，当該顧客にその残高を回答**しなければならない。**回答は，検査，監査又は管理を担当する部門**において行うものとする。 |

## ■ 発信簿への記録 ・・・・・・・・・・・・・・・・・・・・・・・・・・・

| | |
|---|---|
| 発 信 簿 | 協会員は，照合通知書を顧客に交付するときは，その**交付日及び交付方法を発信簿**その他の帳票に記録し，その事実を容易に確認できるようにすること。 |

**問 題**　次の文章について，正しい場合は○へ，正しくない場合は×の方へマークしなさい。

1　残高について，顧客から照会があったときは，検査，監査又は管理を担当する部門が窓口となり遅滞なく調査し，営業担当者が直接回答することになっている。

2　報告を行う時点で金銭及び有価証券の残高がない顧客で，直前に行った報告以後1年に満たない期間にその残高があった顧客については，あらためて照合通知書を交付する必要はない。

3　照合通知書を顧客に交付したときは，その交付日・交付方法を発信簿等に記録し，その事実を容易に確認できるようにしなければならない。

### 解 答 ・ 解 説

解答：1×，2×，3○

解説：1は誤り。検査，監査又は管理を担当する部門が窓口となり遅滞なく調査し，同部門が回答することになっている。

2は誤り。直前に行った報告以後1年に満たない期間にその残高があった顧客には，現在残高がない旨の照合通知書を交付しなければならない。

**共通・一部会員**
# 買付代金等の管理

重要度★★★★★

## ■ 買付代金等の前受け ・・・・・・・・・・・・・・・・・・・・

| 安全性の確保 | 協会員は，**新規顧客**，**大口取引顧客等**からの注文の受託に際しては，あらかじめ当該顧客から買付代金又は売付有価証券の全部又は一部の預託を**受ける**等取引の**安全性の確保**に努めなければならない。 |

## ■ **会員** 債務不履行と損害賠償 ・・・・・・・・・・・・・・・・・

| 顧客の計算において反対売買 | 顧客が買付代金又は売付有価証券を所定の時限までに，協会員に交付しない場合，協会員は，任意に当該**顧客の計算において反対売買により決済**することができる。 |
| 顧客へ請求 | 上記反対売買によって生じた**損害**は，**顧客に対し請求**できる。なお，取引参加者が占有する**顧客の有価証券及び金銭をもって，損金に充当**することができる。 |

## ■ 債務不履行と留置権 ・・・・・・・・・・・・・・・・・・・・

| 留置権 | 顧客が売買委託契約から生じた債務を履行しない場合には，協会員がその顧客のために占有している有価証券等をその**債務が履行されるまで，留置**することができる。 |
| 受入れの催促 | 買付代金の不足が生じた場合は，**速やかに入金の促進を図る**よう，手段を講じなければならない。 |
| 小切手の受入れ | 小切手を受け入れた場合，当該小切手の**交換決済の完了**をもって，金銭の受入れとみなされる。 |

**問 題** 次の文章について，正しい場合は○へ，正しくない場合は×の方
へマークしなさい。

1 顧客が売買委託契約から生じた債務を履行しない場合，協会員が顧客
のために占有している有価証券等をその債務が履行されるまで，留置す
ることができる。

2 小切手を受け入れた場合は，当該小切手の受入れをもって，金銭の受
入れとみなす。

3 新規顧客，大口取引顧客等からの注文の受託に際しては，買付代金又
は売付有価証券の全部又は一部の預託を受ける等取引の安全性の確保に
努めなければならない。

4 顧客が買付代金又は売付有価証券を所定の時限までに，協会員に交付
しない場合でも，協会員は任意に当該顧客の計算において反対売買によ
る決済を行うことはできない。

解 答 ・ 解 説

**解答**：1○，2×，3○，4×

**解説**：2は誤り。<u>当該小切手の交換決済の完了をもって</u>，金銭の受入れとみな
す。

4は誤り。協会員は<u>任意に当該顧客の計算において反対売買により決済</u>
することができる。

## 7

# 保証金・証拠金の受入れ管理

重要度★★★★★

■ 趣　旨 ・・・・・・・・・・・・・・・・・・・・・・・・・・・・・・・・・・・・・・・・

| 目　　的 | 信用取引の委託保証金，先物・オプション取引の証拠金については，**協会員の債権保全と投資者が過度な取引を行うことを防止す**る目的がある。 |

■ 会員 信用取引 ・・・・・・・・・・・・・・・・・・・・・・・・・・・・・・・・・・・・

| 委 託 保 証 金 | 信用取引による売付け又は買付けが成立したときは，取引参加者は，顧客から次に掲げる額以上の金額を委託保証金として，売買成立の日から起算して**3営業日目の正午までの取引参加者が指定する日時までに受け入れる**ものとする。<br>《受入れの際，受入保証金（＝現に受け入れている委託保証金）がない場合》<br>① その**約定価額に100分の30を乗じた額**（＝「通常の最低限度額」）が30万円以上のときは，その額。<br>② 「通常の最低限度額」が30万円未満のときは，**30万円**。<br>《受入れの際，受入保証金が既にある場合》<br>① 受入保証金の総額と新たに行った信用取引の「通常の最低限度額」との合計が30万円以上のときは，「通常の最低限度額」。なお，**受入保証金総額**＝受入保証金（現金保証金＋代用有価証券の評価額の合計額）－建玉評価損－反対売買による損失額－諸経費<br>② その合計額が30万円未満のときは，その差額を当該信用取引に係る「通常の最低限度額」に加算した額。<br>**（委託保証金として差入れることができる金銭）**<br>円貨又は米ドルである。米ドルについては，取引参加者が指定する外国為替相場により円貨に換算した価格に100分の95を乗じた額とされる。 |

| 代用有価証券 | 委託保証金はその全額を，有価証券をもって代用できる。なお，代用価格は，その差入日の前日における時価に所定の率を乗じた額を超えない額となる。 |
|---|---|
| 追加保証金 | 建玉の評価損の発生，代用有価証券の値下がり等により，追加保証金が必要となった場合（受入保証金総額が，信用取引に係る一切の有価証券の約定価額に**100分の20を乗じて得た額を下回る**こととなった場合）は，その損失計算が生じた日から起算して**3営業日目の正午までの取引参加者が指定する日時までに**，100分の20を乗じて得た額を維持するために必要な額を委託保証金として，顧客に**追加差入れ**させなければならない。 |

■ **先物・オプション取引** ・・・・・・・・・・・・・・・・・・・・・・・・・・

| 証拠金 | 取引参加者は，先物・オプション取引の証拠金を，先物取引又はオプション取引が成立した取引日の終了する日の**翌営業日午前11時までに預託**すること。 |
|---|---|
| 不足額の受入れ | 受入証拠金の総額が証拠金所要額を下回っている場合，又は証拠金として差し入れ又は預託している金銭の額が当該顧客の現金支払予定額を下回っている場合，「受入証拠金の総額と証拠金所要額との差額」（**総額の不足額**）又は「当該顧客が証拠金として差し入れ又は預託している金銭の額と顧客の現金支払予定額との差額」（**現金不足額**）の**いずれか大きい額以上の額を当該不足額が生じた日の翌営業日**（非居住者の場合は，3営業日目の日）までの**取引参加者が指定する日時までに**，差し入れ又は預託させるものとする。 |
| 代用有価証券 | 証拠金は，**有価証券による代用が可能**である。ただし，**現金不足額に相当する額の証拠金は，有価証券等をもって代用させることはできない**（現金で受け入れる必要がある）。 |
| 日本証券クリアリング機構 | 顧客から受け入れた証拠金（顧客の現金支払予定額に相当する額は除く）は，委託分の取引証拠金として，**日本証券クリアリング機構**にそのまま預託（直接預託）するか，又は，顧客の同意があれば，その全部又は一部を清算参加者が保有する金銭又は有価証券に差し換えて日本証券クリアリング機構に預託（差換預託）する。 |

**問題1** 次の文章について，正しい場合は○へ，正しくない場合は×の方
ヘマークしなさい。

1 先物・オプション取引における証拠金は，有価証券による代用が可能
である。ただし，証拠金として差し入れている金銭の額が顧客の現金支
払予定額を下回っている場合の差額の受入れは，現金でなければならな
い。

2 信用取引の委託保証金，先物・オプション取引の証拠金には，協会員
の債権保全と投資者が過度な取引を行うことを防止する目的がある。

3 **会員** 信用取引による売付け又は買付けが成立したときは，協会員
は，顧客から委託保証金を売買成立の日から起算して4営業日目の日ま
での取引参加者が指定する日時までに受け入れなければならない。

4 **会員** 信用取引における追加保証金は，その計算上の損失が生じた日
の翌営業日の取引参加者が指定する日時までに，追加差入れしなければ
ならない。

5 取引参加者は，先物・オプション取引の証拠金を，売買成立の日から
起算して3営業日目の日の正午までに受け入れなければならない。

---

### 解 答 ・ 解 説

**問題1** 解答：1○，2○，3×，4×，5×

解説：3は誤り。売買成立の日から起算して<u>3営業日目の正午まで
の取引参加者が指定する日時までに</u>受け入れなければならな
い。

4は誤り。その計算上の損失が生じた<u>日から起算して3営業
日目の正午までの取引参加者が指定する日時までに</u>，追加差
入れしなければならない。

5は誤り。取引日の終了する日の<u>翌営業日午前11時までに</u>預
託しなければならない。

**問題2** **会員** 次の「信用取引の保証金」に関する記述として，正しいものはどれか。正しい記述をイ～ハから選んでいる選択肢の番号を一つマークしなさい。

イ 建玉の評価損の発生，代用有価証券の値下がり等により，追加保証金が必要となった場合（受入保証金の総額が，信用取引に係る一切の有価証券の約定価額に100分の30を乗じて得た額を下回ることとなった場合），100分の30を乗じて得た額を維持するために必要な額を委託保証金として，顧客に追加差入れさせなければならない。

ロ 協会員は，信用取引の受入保証金（＝現に受け入れている委託保証金）がない場合，その約定価額に30％を乗じた額（30万円以上のとき）以上を委託保証金として受け入れるものとする。

ハ 委託保証金はその全額を，有価証券をもって代用できる。なお，代用価格は，その差入日の前日における時価に所定の率を乗じて得た額を超えない額となる。

（選択肢）

1 正しいものはイ及びロであり，ハは正しくない。

2 正しいものはイ及びハであり，ロは正しくない。

3 正しいものはロ及びハであり，イは正しくない。

4 イ，ロ及びハすべて正しい。

**Ⅵ**

受渡し・保管等の管理

解 答 ・ 解 説

**問題2** 解答：3

解説：イは誤り。<u>100分の20</u>を乗じて得た額を下回ることとなった場合，<u>100分の20</u>を乗じて得た額を維持するために必要な額を委託保証金として，顧客に<u>追加差入れ</u>させなければならない。言いかえれば，維持率計算の時は20％を維持できるように追加保証金を差し入れなければならない。

## 8

会員

# MMF・中期国債ファンド等のキャッシング

重要度★★★★★

■ 趣　旨 ・・・・・・・・・・・・・・・・・・・・・・・・・・・・・

| キャッシング | 協会員は，MMF，中期国債ファンド及び MRF（マネー・リザーブ・ファンド）の受益証券の寄託を受けている顧客に対し，解約請求当日での顧客への解約代金相当額の支払を可能とするため，**翌営業日に行われる解約代金の支払までの間，解約請求に係る受益証券を担保として金銭の貸付（＝キャッシング）を行うこと**ができる。 |
|---|---|

■ キャッシングの方法 ・・・・・・・・・・・・・・・・・・・・・・

| 貸付限度額 | 残高に基づき計算した返済可能金額又は500万円のうち，いずれか少ない金額を基準に各協会員が定める金額。 |
|---|---|
| 貸 付 期 間 | キャッシングが行われた日の翌営業日までの間。 |
| 貸 付 利 息 | キャッシングが行われた日から**翌営業日前日までの MMF，中期国債ファンド及び MRF 分配金手取額**。 |
| 担保権の設定 | 解約請求に係る**受益証券に質権**を設定。 |
| 返　　　済 | キャッシングが行われた日の**翌営業日**に顧客へ支払われる解約代金によって充当される。 |

**問　題**　次の文章について，正しい場合は○へ，正しくない場合は×の方
へマークしなさい。

1　キャッシングに際しては，解約請求に係る受益証券に質権が設定される。

2　キャッシングに係る貸付期間は，キャッシングが行われた日の翌営業日までの間である。

3　キャッシングに対する返済は，キャッシングが行われた日の翌営業日に顧客へ支払われる解約代金によって充当される。

4　キャッシングにおける貸付限度額は，当該顧客の残高に基づき計算した返済可能金額又は500万円のうち，いずれか大きい金額を基準に各協会員が定める。

5　協会員は，MMF，中期国債ファンド及びMRF（マネー・リザーブ・ファンド）の受益証券の寄託を受けている顧客に対し，解約請求当日での顧客への解約代金相当額の支払を可能とするため，翌営業日に行われる解約代金の支払までの間，解約請求に係る受益証券を担保として金銭の貸付（＝キャッシング）を行うことができる。

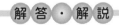

解答・解説

**解答**：1○，2○，3○，4×，5○

**解説**：4は誤り。<u>いずれか小さい金額を基準</u>に各金融商品取引業者が定めることになっている。

# 店頭CFD取引に係るロスカット取引の管理態勢整備等

共通

重要度 ★★★★

## ■ CFD 取引 ・・・・・・・・・・・・・・・・・・・・・・・・・

| CFD 取引とは | CFD（＝ Contract For Difference：**差金決済**）取引とは，少額の証拠金を預託し，国内外に上場する株式，世界の主要な市場の株価指数等を参照し，取引開始時と終了時の価格差により決済が行われる差金決済デリバティブ取引の一種である。 |
|---|---|

## ■ ロスカット取引 ・・・・・・・・・・・・・・・・・・・・・・・

| ロスカットとは | 損失が所定の水準に達した場合，それ以上に損失が拡大しないようにするため，リスク管理の手段としてポジション（建玉）を強制的に決済することをいう。 |
|---|---|
| 管理態勢の整備 | 協会員は，顧客との間で店頭**CFD 取引**を行おうとするとき，**顧客の損失が証拠金等を上回ることがないように，価格変動リスク及び流動性リスク等を勘案してロスカット水準**を定めるなど，ロスカット取引を行うための十分な**管理態勢を整備**し，顧客との契約にロスカット取引に関する明確な取決めを反映したうえで，当該管理態勢に基づいて店頭 CFD 取引に係る業務を行わなければならない。 |

**問　題**　次の「CFD 取引に係る管理態勢」に関する記述のうち，正しいものはどれか。正しいものをイ〜ハから選んでいる選択肢の番号を一つマークしなさい。

イ　ロスカット取引を行うための十分な管理態勢。

ロ　価格変動リスク及び流動性リスク等を勘案してロスカット水準を決める。

ハ　顧客の損失が証拠金等を上回ることがないよう管理。

（選択肢）

1　正しいものはイ及びロであり，ハは正しくない。

2　正しいものはイ及びハであり，ロは正しくない。

3　正しいものはロ及びハであり，イは正しくない。

4　イ，ロ及びハすべて正しい。

解　答・解　説

**解答**：4

共通

# 帳簿書類の保存及び管理

重要度★★★★

## ■ 趣　旨 ‥‥‥‥‥‥‥‥

| 正確な記録と保存 | 業務に関する帳簿書類は、業務又は財産の状況を正確に反映させ、業務の適切性や財務の健全性を検証することなどによって、投資者保護に資するため、法令にその作成及び保存義務が規定されている。したがって、**正確な記録とその保存が肝要**である。 |
|---|---|

## ■ 保存方法 ‥‥‥‥‥‥‥‥

| マイクロフィルム | 帳簿書類の作成後3年を経過し、かつ、この間に**検査部局**（＝証券取引等監視委員会事務局及び金融庁総合政策局等をいう）による帳簿書類の検査が行われている場合、一般に妥当と認められている作成基準により作成した**マイクロフィルムをもって保存**することができる。 |
|---|---|
| 電子媒体 | 一定の要件を満たす場合には、帳簿書類を**電子媒体により保存**することができる。 |

## ■ 保管場所 ‥‥‥‥‥‥‥‥

| 本部で集中保管 | 帳簿書類の作成後3年を経過し、かつ、この間に検査部局による帳簿書類の検査が行われている場合、**本店（事務センター等を含む）において集中保管**することができる。 |
|---|---|
| 作成時から集中保管 | 次の要件が満たされるとき、本店及び協会員が帳簿書類の**作成を委託している会社において作成時から集中保管**することができる。<br>① 顧客の照会に対し、速やかに回答できる体制になっていること。<br>② 帳簿書類の閲覧が本支店内において合理的期間内に可能な体制となっていること。<br>③ 内部監査に支障がないこと。 |

**問 題** 本店及び協会員が帳簿書類の作成を委託している会社において作成時から集中保管することができるが，そのときの要件として，正しいものはどれか。正しい記述をイ〜ハから選んでいる選択肢の番号を一つマークしなさい。

イ 顧客の照会に対し，速やかに回答できる体制になっていること。

ロ 帳簿書類の閲覧が本支店内において合理的期間内に可能な体制となっていること。

ハ 内部監査に支障がないこと。

（選択肢）

1 正しいものはイ及びロであり，ハは正しくない。

2 正しいものはイ及びハであり，ロは正しくない。

3 正しいものはロ及びハであり，イは正しくない。

4 イ，ロ及びハすべて正しい。

解 答・解 説

解答：4

## 11 顧客の死亡に係る管理

会員

重要度★★★★★

### ■ 相続の開始 ・・・・・・・・・・・・・・・・・・・・・

| | |
|---|---|
| 相続手続きの完了まで | 原則として，死亡顧客の相続人全員の同意を得たうえで相続手続を行うとともに，相続関係が確定し相続手続が終了するまでの間は，当該口座の有価証券等の売買，返却及び金銭の支払等に応じてはならない。 |
| 信用取引口座の場合 | 信用取引口座を開設している顧客が建玉を残したまま死亡した場合，相続手続中に損失が膨らむ可能性があるなど緊急を要するような場合には，代表相続人の意向を確認するなど各協会員の定める手続に基づいて，**建玉の決済を認める場合がある**。 |

### ■ 相続手続終了後の取扱い ・・・・・・・・・・・・・・・

| | |
|---|---|
| 十分な確認 | 相続手続の終了後，相続人等から**相続の事実を証明する戸籍謄本，遺産分割協議書，委任状等の協会員の定める書類を受け入れ，相続人，相続の内容等を十分確認**したうえで，有価証券等の返却及び金銭の支払等に応じること。 |
| 相続人の取引希望 | 相続人が被相続人（＝死亡顧客）名義の取引口座において生前と同様の取引関係を継続することを希望する場合であっても，被相続人名義の取引口座を使用してはならない。当該相続人との取引は，当該相続人名義で取引口座を開設し，相続手続に基づき有価証券等の振替等を行ったうえで，開始することができる。 |

　次の文章について，正しい場合は○へ，正しくない場合は×の方
へマークしなさい。

1　相続手続終了までは，その口座の有価証券等の売買，金銭，有価証券
等の返却等を行えない措置を講ずる必要がある。

2　相続人が被相続人（死亡顧客）名義の取引口座において，生前と同様
の取引関係を継続することを希望する場合，一定の手続を経て，引き続
き生前同様の取引を行うことができる。

3　協会員は，相続人から，相続手続が終了し，被相続人の有価証券等及
び金銭を相続した旨の連絡を受けた場合，相続人の要求があれば，当該
有価証券等の返却及び金銭の支払等に応じなければならない。

VI

受渡し・保管等の管理

━━━━━━━　解 答 ・ 解 説　━━━━━━━

**解答**：1○，2×，3×

**解説**：2は誤り。この場合，相続人との取引は，当該相続人名義で取引口座を
開設し，相続手続に基づき有価証券等の振替等を行ったうえで，開始す
ることができる。

　　　3は誤り。単なる連絡ではなく，「相続の正式な手続の終了後，相続人
等から相続の事実を証明する戸籍謄本，遺産分割協議書，委任状等の協
会員の定める書類を受け入れ，相続人，相続の内容等を十分確認したう
え」でなければ，当該有価証券等の返却及び金銭の支払等に応じてはな
らない。

# VII 協会員と役職員の規制

## 1

# 協会員と役職員の禁止行為（1）

共通・一部会員・一部特別会員

重要度★★★★★

## ■■ 金商法，政令，内閣府令，協会の規則等で禁止行為を規定 ・・・・・・・

| 禁止行為の規定 | 金融商品市場において中心的役割を担う協会員とその役職員に対しては，**投資者保護，金融商品取引の公正確保，金融商品取引業又は登録金融機関業務の信用維持**等の観点から禁止行為が規定されている。 |
|---|---|
| 指導・管理 | 営業責任者，内部管理責任者は**役職員がこのような禁止行為を行うことのないよう指導，管理**しなければならない。 |

## ■■ 断定的判断の提供等による勧誘の禁止 ・・・・・・・・・・・・・・

| 断定的判断の提供 | 顧客に対し，**不確実な事項について断定的判断を提供し，又は確実であると誤解させるおそれのあることを告げて金融商品取引契約の締結の勧誘をしてはならない。**<br>断定的判断の提供後，結果的にその判断が的中した場合も，当該判断の提供時において断定的な判断であったと認定されれば，法令違反となる。 |
|---|---|

## ■■ 取引一任勘定取引に基づく取引の規制 ・・・・・・・・・・・・・・

| 規制の理由 | 取引一任勘定取引は，その方法によっては顧客の判断と責任で投資するという健全な投資態度をゆがめるばかりでなく，顧客との紛争を招き，損失補塡や過当数量取引の温床になるなど，協会員の信用を損なうおそれがある。 |
|---|---|
| 社内管理体制の整備 | 次の契約に基づく有価証券の売買又はデリバティブ取引を行う場合，その行為が投資者の保護に欠け，取引の公正性を害し，又は金融商品取引業者等の信用を失墜させることとなることを防止するため，**十分な社内管理体制をあらかじめ整備**しなければならない。<br>① 関係外国金融商品取引業者から売買の別及び銘柄についての同意を得たうえで，数及び価格について協会員が定めることができる内容とする契約。 |

② 関係外国金融商品取引業者の計算による取引に関し，売買の別，銘柄，数及び価格について，協会員が定めることができることを内容とする契約。

③ 顧客から売買の別，銘柄及び数について同意を得たうえで，価格については当該同意の時点における相場を考慮して適切な幅を持たせた同意（特定同意）の範囲内で協会員が定めることができることを内容とする契約。

④ 顧客から売買の別，銘柄及び個別の取引の総額並びに数又は価格の一方について同意（価格については，特定同意を含む）を得たうえで，他方については協会員が定めることができることを内容とする契約。など。

## ▋▋ 虚偽告知等の禁止 ・・・・・・・・・・・・・・・・・・・・・・・・・・・・

| 表 示 方 法 | 金融商品取引契約の締結又はその勧誘に関して，**顧客に対して虚偽のことを告げてはならない**。また，虚偽の表示をし，又は重要な事項につき誤解を生ぜしめるべき表示をする行為も禁止されている。<br>**表示の方法は，文書に限らず，口頭，図面，放送等も含まれる。** |
| --- | --- |

## ▋▋ 行き過ぎた大量推奨販売の禁止 ・・・・・・・・・・・・・・・・・・・・・・

| 大量推奨販売の 禁 止 | 不特定かつ多数の顧客に対し，**特定かつ少数の銘柄の有価証券の買付け若しくは売付け，若しくはデリバティブ取引又はその委託等を一定期間継続して一斉かつ過度に勧誘して，当該有価証券の公正な価格形成を損なうおそれのある行為**（いわゆる大量推奨販売）を行ってはならない。 |
| --- | --- |

## ▋▋ 特別の利益の提供等の禁止 ・・・・・・・・・・・・・・・・・・・・・・・・

| 特別の利益提供の禁止 | 顧客若しくはその指定した者に対し**特別の利益の提供を約し，又は顧客若しくは第三者に対して特別の利益を提供する行為は禁止**されている。なお，第三者をして特別の利益の提供の約束又はその提供の実行をさせる行為も禁止される。 |
| --- | --- |
| 損益を共にする行為の禁止 | 有価証券等の取引等について，**顧客と損益を共にすることを，約束**して勧誘又は実行することは禁止されている。 |

## ■■ 特別会員 融資，保証等に関する特別の便宜の提供の禁止 ・・・・・・・

| 特別の便宜<br>提供の禁止 | 特別会員は，顧客に対して，**融資，保証等に関する特別の便宜の提供**（＝与信行為の特別の提供）を約し，登録金融機関業務に係る取引又は当該取引を勧誘することが**禁止**されている。 |
|---|---|

## ■■ 作為的相場形成，相場操縦取引の禁止 ・・・・・・・・・・・・・

| 作為的相場・<br>相場操縦の<br>禁止 | 上場金融商品等の**相場を変動させ，若しくはくぎ付けし，固定し，若しくは安定させ，又は取引高を増加させる目的をもって，**上場金融商品等の売買，デリバティブ取引をする行為又はこれらの売買等の委託等をする行為は禁止されている。<br>また，これら相場を変動させ，若しくはくぎ付けし，固定し，若しくは安定させること又は取引高を増加させることにより**実勢を反映しない作為的なものとなることを知りながら，**上場金融商品等の売買等又はデリバティブ取引の受託等をしてはならない。<br>なお，有価証券の募集又は売出しを容易にするための**安定操作取引又はその委託等**は禁止行為から除外されている。 |
|---|---|

## ■■ 会員 信用取引における客向かい行為の禁止 ・・・・・・・・・・

| 客向かい行為<br>の禁止 | 顧客の信用取引の委託に基づく取引を**自己の計算において行う買付け又は売付けと対当**させ，かつ，金銭又は有価証券の受渡しを伴わない方法により成立させた場合，これら買付け又は売付けに係る未決済の勘定を決済するため，これと対当する売付け又は買付けを行ってはならない。 |
|---|---|

## ■■ 会員 内部者取引の注文受託の禁止 ・・・・・・・・・・・・・・

| 注文受託の<br>禁止 | 顧客の有価証券の売買その他の取引等が**内部者取引に該当すること，又は内部者取引に該当するおそれがある**ことを知りながら，当該注文を受けてはならない。 |
|---|---|

## ■■ フロントランニングの禁止 ・・・・・・・・・・・・・・・・・

| フロントランニングの禁止 | 顧客から有価証券の売買等の委託等を受け，当該委託等に係る**売買又は取引を成立させる前に自己の計算において同一銘柄の有価証券の売買等を成立させることを目的として，**当該顧客の有価証券の売買等の委託に係る**価格と同一又はそれより有利な価格**で有価証券の売買等をしてはならない。 |
|---|---|

次の文章について，正しい場合は○へ，正しくない場合は×の方
へマークしなさい。

1 協会員又はその役職員は，顧客に対して不確実な事項について断定的
判断を提供し，又は確実であると誤解させるおそれのあることを告げ
て，金融商品取引契約の締結を勧誘することは禁止されているが，それ
が結果的に的中すれば法令違反にはならない。

2 取引一任勘定取引は，顧客の判断責任で投資するという健全な投資態
度を歪めるばかりではなく，顧客との紛争を招き，損失補塡や過当数量
取引の温床となり協会員の信用を損なうおそれがあるため，一切禁止さ
れている。

3 協会員又はその役職員は，金融商品取引契約の締結又はその勧誘に関
して，顧客に対して虚偽の表示をし，又は重要な事項について誤解を生
じさせる表示をすることは禁止されている。ただし，口頭による場合は
禁止行為に当たらない。

4 協会員又はその役職員は，不特定かつ多数の顧客に対して，特定かつ
少数の銘柄の有価証券の買付け若しくは売付け又はその委託等を一定期
間継続して一斉かつ過度に勧誘して，当該有価証券の公正な価格形成を
損なうおそれのある行為を行ってはならない。

VII

協会員と役職員の規制

解 答 ・ 解 説

問題1  解答：1×，2×，3×，4○

解説：1は誤り。結果的に的中した場合も，その判断の提供時に断
定的な判断であったと認定されれば，法令違反となる。

2は誤り。取引一任勘定取引は，一切禁止ではなく，原則禁
止されている。一定の取引において十分な社内管理体制をあ
らかじめ整備している場合は，禁止行為とはならない。

3は誤り。文書に限らず，口頭，図面などによる場合も禁止
行為に該当する。

次の文章について，正しい場合は○へ，正しくない場合は×の方
ヘマークしなさい。

1 **会員** 顧客の信用取引の委託に基づく取引を自己の計算において買付
け又は売付けと対当させ，かつ，金銭又は有価証券の受渡しを伴わない
方法により成立させた場合，これら買付け又は売付けに係わる未決済の
勘定を決済するため，これと対当する売付け又は買付けを行うことは禁
止されている。

2 **会員** 顧客の有価証券の売買取引が内部者取引に該当すること，又は
内部者取引に該当するおそれがあることを知りながら，当該注文を受け
てはならない。

3 **会員** 協会員が顧客の信用取引の買付け委託について，自己の信用売
りを対当させ成立させておき，後日その顧客が決済しようと売り委託を
してきた場合，協会員が自己の信用買いを対当させて執行することは禁
止行為に該当しない。

4 **会員** 協会員又はその役職員は，顧客の有価証券の売買その他の取引
等が内部者取引に該当し，また，該当するおそれがあることを知りなが
ら注文を受けてはならない。

---

### 解 答 ・ 解 説

**問題2**　解答：1○，2○，3×，4○

解説：3は誤り。信用取引における客向かい行為として禁止されて
いる。この行為は，協会員が株券も現金もなんら調達せずに
信用取引を行えることとなり，協会員の財務の健全性維持の
観点からも問題がある。

**問題3** 次の記述のうち，正しいものはどれか。正しいものをイ〜ハから選んでいる選択肢の番号を一つマークしなさい。

イ 協会員又はその役職員は，顧客に対して特別の利益の提供を約束する行為は禁止されている。ただし，自らでなく第三者による特別の利益の提供を約束し，又はその提供を実行させることは禁止行為に該当しない。

ロ 協会員又はその役職員は，上場金融商品等の相場を変動させ，又はくぎ付けし，固定し，若しくは安定させ又は取引高を増加させる目的をもって当該金融商品等の売買取引の委託等をする行為は禁止されている。

ハ 顧客から有価証券の売買の委託を受け，当該委託に係わる取引を成立させる前に，自己の計算において，同一銘柄の有価証券の売買を成立させることを目的として，当該顧客の有価証券の売買の委託に係わる価格と同一又はそれより有利な価格で有価証券の売買を行ってはならない。

（選択肢）

1 正しいものはイ及びロであり，ハは正しくない。
2 正しいものはイ及びハであり，ロは正しくない。
3 正しいものはロ及びハであり，イは正しくない。
4 イ，ロ及びハすべて正しい。

協会員と役職員の規制

解 答 ・ 解 説

**問題3** 解答：3

解説：イは誤り。第三者による特別の利益の提供を約束したり，その提供を実行させることは<u>禁止されている</u>。

## 共通・一部会員・一部特別会員
# 協会員と役職員の禁止行為（2）

重要度★★★★★

■ 損失補塡，利益追加等の禁止 ・・・・・・・・・・・・・・・・・・・・・・・・

| 禁止行為の範囲 | 有価証券売買取引等について，次のような行為を行ってはならない。<br>**① 事前の損失補塡，利益追加の申込み，約束**<br>顧客に損失が生じることとなり，又はあらかじめ定めた額の利益が生じない場合に，その全部又は一部を補塡し，又は補足するために財産上の利益を提供する旨を当該顧客に申込み，又は約束すること。<br>**② 事後の損失補塡又は利益追加の申込み，約束**<br>顧客に生じた損失の全部又は一部を補塡し，又は顧客の利益に追加のため，財産上の利益を提供することを申込み，又は約束すること。<br>**③ 事後の損失補塡の実行，利益の追加**<br>顧客の損失の全部又は一部を補塡し，又はこれらについて生じた顧客の利益に追加のため，顧客に対して財産上の利益を提供すること。<br>いずれの場合も，損失補塡のみならず，**利益が一定水準に達しなかった場合に利益の補足，追加する行為も禁止される。** |
|---|---|
| 第三者による場合 | **協会員の関連会社等の第三者を使って顧客に損失を補塡し，又は利益を追加することを申し込んだり，約束したり財産上の利益を提供する行為も禁止される。** |
| 財産上の利益とは | 経済的価値をもつものすべてを意味し，現金，物品の他，有価証券を高値で買い取ること，安値で売却すること，あるいは値上がりする可能性の高い有価証券を提供するといった行為も財産上の利益の提供に当たる。 |
| 顧客の要求 | 顧客が協会員に**損失補塡を要求し約束させること**や当該約束により財産上の利益の提供を受けることも禁止されている。 |

| 事故の賠償と<br>損 失 補 填 | 協会員又はその役職員の違法又は不当な行為（事故）によって顧客に生じた損失を協会員が賠償する行為は，協会員及びその役職員に損害賠償責任があるので，禁止の対象から除外される。この場合の賠償については，**原則として事前に「事故」に該当する旨の財務局長による「事故確認」が必要である。** |
| --- | --- |

■ **特別会員** 委託証拠金の差入れのための自動的な信用供与の禁止・・・・

| 自動的な信用<br>供　　　　与 | 特別会員は，顧客に対して，損失の穴埋め，委託証拠金の新規又は追加の差入れのための**信用の供与を自動的に行ってはならない。** |
| --- | --- |

■ 信用供与による取引の受託等の禁止 ・・・・・・・・・・・・・・・

| 信用供与を<br>条　　　　件 | 協会員又はその役職員は，**信用の供与（信用取引を除く）を条件として，**有価証券の売買の受託等をする行為は禁止されている。 |
| --- | --- |

■ 顧客の預託有価証券の担保提供制限 ・・・・・・・・・・・・・・・

| 書面による<br>同　　　　意 | 顧客（特定投資家を除く）から預託を受けた有価証券又は顧客の計算において自己が占有する有価証券を担保に供し又は他人に貸し付ける場合には，**その顧客から書面（担保同意書，会員については包括担保同意書を含む）による同意を得なければならない。** |
| --- | --- |

■ **会員** 引受会社の信用供与の制限・・・・・・・・・・・・・・・

| 買入代金の貸<br>付け，信用供<br>与 の 禁 止 | 有価証券の引受人になった協会員は，その有価証券を売却する場合，**引受人となった日から6か月を経過する日までは，その買主に対し買入代金につき貸付けその他信用を供与してはならない。** |
| --- | --- |

## ■ 無断売買の禁止 ・・・・・・・・・・・・・・・・・・・・・・・・・・・

| 無断売買，事後承諾売買の禁止 | あらかじめ顧客の同意を得ずに，その顧客の計算により有価証券の売買その他の取引又はデリバティブ取引等を行うことは禁止されている。また，当初は，顧客の同意を得ずに取引を行い，事後的に顧客の同意を得るような，いわゆる**事後承諾売買も禁止される**。 |
|---|---|

## ■ 損益共通の約束による勧誘又は取引及び損益共同計算による取引の禁止 ・

| 損 益 共 通 | 協会員の役職員は，有価証券の取引等について，**顧客と損益を共にすること**を約束して勧誘，又は実行することは禁止されている。 |
|---|---|

## ■ 名義書換の際の名義貸しの禁止 ・・・・・・・・・・・・・・・・・・・

| 名義貸し，仮名取引の禁止 | 協会員の役職員は，顧客の有価証券の売買その他の取引等，又はその名義書換について，**自己若しくはその親族，その他自己と特別の関係のある者の名義又は住所**を使用させてはならない。 |
|---|---|

## ■ 法人関係情報を利用した売買等の禁止 ・・・・・・・・・・・・・・・・

| 法人関係情報とは | ① 上場会社等の運営，業務又は財産に関する公表されていない重要な情報であって，顧客の投資判断に影響を及ぼすと認められるもの<br>② 公開買付け又はこれに準ずる株券等の買集めの実施又は中止の決定に係る公表されていない情報 |
|---|---|
| 法人関係情報に基づく取引の禁止 | **法人関係情報に基づいて自己の計算による有価証券の売買その他の取引等を行うこと**，又は有価証券に係るデリバティブ取引若しくはその媒介・取次ぎ・代理につき，**法人関係情報を顧客に提供して勧誘すること**は禁止されている。 |
| 役職員の自己売買 | 一般投資家に不適切な売買を行っているとの疑念を抱かれることのないよう十分留意しなければならない。特に留意すべき点は以下の2点。<br>① 社内規定に定められた売買等の手続きに従うこと。<br>② 買い付けた株式等の**短期の売却は自粛**すること。 |

## ■■ 顧客の秘密漏洩の禁止 ・・・・・・・・・・・・・・・・・・・・・・・

| 秘密の漏洩 | 職務上知り得た顧客の秘密を漏洩してはならない。 |
|---|---|
| 個人情報の提供 | 協会員は個人情報取扱事業者に該当。原則として，業務の外部委託の場合，合併等の事業継承の場合，共同利用の場合を除き，あらかじめ本人の同意を得ずに個人情報データベース等を構成する**個人情報を第三者に提供することは禁止**されている。 |

**問題1** 次の文章について，正しい場合は○へ，正しくない場合は×の方
へマークしなさい。

1 投資者である顧客が協会員に対し損失補塡を要求して約束させること
や，当該約束により財産上の利益の提供を受けることも禁止されてい
る。

2 第三者を使って顧客に損失補塡し又は利益を追加することを申し込ん
だり，約束したりすることは，禁止行為に該当しない。

3 協会員又はその役職員の違法又は不当行為（事故）によって顧客に生
じた損失を賠償することは，損失補塡として禁止されている。

### 解 答 ・ 解 説

**問題1** 解答：1○，2×，3×

解説：2は誤り。第三者を使って顧客に損失補塡等を申し込んだ
り，約束する場合も禁止されている。

3は誤り。事故により顧客に生じた損失を賠償することは，
損失補塡の禁止対象から除外される。ただし，損失の賠償に
当たっては，事前に財務局長の「事故確認」を受ける必要が
ある。

**問題2** 次の文章について，正しい場合は○へ，正しくない場合は×の方
へマークしなさい。

1 協会員又はその役職員は，顧客から預託を受けた有価証券を担保に供
し又は他人に貸し付ける場合には，顧客から書面又は口頭による同意を
得なければならない。

2 **会員** 有価証券の引受人となった協会員は，その有価証券を売却する
場合，引受人となった日から3か月を経過する日までは，その買主に対
し買入代金の貸付けその他信用の供与をしてはならない。

3 協会員又はその役職員は，あらかじめ顧客の同意を得ないでその顧客
の計算により有価証券等の売買取引等を行うことは禁止されているが，
当初，顧客の同意を得ない取引を行い事後的に顧客の同意を得る売買取
引等は禁止行為に該当しない。

4 協会員又はその役職員は，法人関係情報に基づいて自己の計算による
有価証券その他の取引を行うことは禁止されているが，法人関係情報を
顧客に提供して勧誘することは禁止行為に該当しない。

5 **特別会員** 特別会員は，登録金融機関業務に係る取引について，顧客
に対して，損失の穴埋め，委託証拠金の新規又は追加の差入れのための
信用の供与を自動的に行ってはならない。


━━━━━━━━━━━━ 解 答 ・ 解 説 ━━━━━━━━━━━━

**問題2** 解答：1×，2×，3×，4×，5○

解説：1は誤り。顧客から書面による同意を得なければならない。

2は誤り。引受人となった日から「3か月」ではなく「6か
月を経過する日まで」。

3は誤り。無断売買として「事後承諾売買」も禁止されてい
る。

4は誤り。法人関係情報を顧客に提供して勧誘することも禁
止されている。

**問題3** 次の「禁止行為」に関する記述のうち，正しいものはどれか。正しいものをイ～ハから選んでいる選択肢の番号を一つマークしなさい。

イ 同一銘柄の有価証券の取引において，顧客の損失を補塡し，又は利益を追加する目的をもって当該顧客又は第三者に有利となり，協会員に不利となる価格での売付けと買付けを同時に行う取引は異常な取引として禁止されている（受渡日の差に基づく適正な金利相当分に対応する価格差を除く）。

ロ 協会員の役職員は，有価証券の取引について，顧客と損益を共にすることを約束し，又は実行することができる。

ハ 協会員又はその役職員が有価証券の売買等又はその媒介・取次ぎ代理につき，法人関係情報について公表されたこととなる前に，当該売買等をさせることにより顧客に利益を得させ，又は当該顧客の損失の発生を回避させる目的をもって，当該顧客に対して当該売買等をすることを勧めて勧誘してはならない。

（選択肢）

1 正しいものはイ及びロであり，ハは正しくない。

2 正しいものはイ及びハであり，ロは正しくない。

3 正しいものはロ及びハであり，イは正しくない。

4 イ，ロ及びハすべて正しい。

解 答 ・ 解 説

**問題3** 解答：2

解説：ロは誤り。顧客と損益を共にすることを約束し，又は実行することは<u>禁止</u>されている。

# 3

## 共通・一部会員
## 協会員と役職員の禁止行為（3）

重要度★★★★★

---

■ **会員** 会員の親法人等又は子法人等との取引における禁止行為・・・・・

| | |
|---|---|
| 弊害防止措置 | 協会員が一定の資本関係・人的関係にある「**親法人等又は子法人等**」との間で金融商品取引等を行うときは、一定の弊害措置が適用される。 |
| 規制の目的 | 「**会員の独立性を確保する**」「**親子関係という特別な関係に基づき金融商品取引等が行われて市場機能が歪められる**」ことを防止し、取引の公正を確保する等、金融商品市場の健全な発展を図る。 |
| 禁止行為 | （**一般的取引に係るアームズ・レングス・ルールの適用**）<br>通常の取引の条件と**著しく異なる条件**で、会員が親法人又は子法人等と資産の売買の取引を行うこと。<br>（**親会社の取引を利用した抱き合わせ的行為の禁止**）<br>会員と金融商品取引契約を締結することを条件に、親法人等又は子法人等が顧客に対し通常の取引の条件よりも**有利な条件**で資産の売買等の取引を行っていることを知りながら、当該顧客との間で金融商品取引に係る契約を締結すること。<br>（**利益相反に係る開示規制**）<br>会員の親法人又は子法人等に対して借入金に係る債務を有する企業が発行する有価証券（公共債、ＣＰ棟を除く）を、その会員が引き受けた際に、それによって調達した資金が親法人又は子法人等に対する当該債務の**弁済資金に充てられることを知りながら、その旨を顧客に説明することなく**、当該有価証券を売却すること。<br>（**親子会社発行証券の引受主幹事となることの制限**）<br>原則として、会員が親法人又は子法人等の発行する有価証券の**引受主幹事になること**。<br>（**バックファイナンスの禁止**）<br>会員が有価証券の引受人となった日から６か月以内に、会員の親法人又は子法人等がその顧客に対して当該有価証券の購入代金につき、**貸付けその他信用の供与をしていることを知りながら**、当該有価証券を当該顧客に売却すること。<br>（**引受証券の親子会社への販売制限**）<br>会員が有価証券の引受人となった日から６か月以内に、当該有価 |

180

証券（公共債を除く）を親法人又は子法人等に売却すること。

（非公開情報の授受や利用の禁止）

会員又はその役職員が，非公開情報の授受につき，顧客又は発行者から事前に**書面による同意を得ずに**，親法人等又は子法人等との間で非公開情報の授受を行うこと。

（優越的地位の濫用の禁止）

会員が，その親銀行等又は子銀行等の取引上の**優越的な地位を不当に利用**して金融商品取引契約の締結又はその勧誘を行うこと。

（誤認防止規定）

会員が，親銀行等又は子銀行等と顧客を共同訪問する際に，当該会員と親銀行等又は子銀行等が別の法人であることの開示をせず，同一法人であると顧客を誤認させるような行為を行うこと。

## ▌ 会員 有価証券関連業以外の業務に係る禁止行為 ・・・・・・・・・・

| 金融商品取引業以外の業務 | 協会員は，内閣総理大臣への届出又はその承認により**金融商品取引業以外の幅広い業務**を行うことができる。ただし，有価証券関連業以外の業務を営むことが，協会員の顧客の保護や公正な取引の確保を妨げることのないよう**規制**が設けられている。 |
|---|---|

## ▌ 会員 過当な引受競争等 ・・・・・・・・・・・・・・・・・・・・・・

| 適正な発行条件 | 協会員は，引受けを行うにあたっては，必要に応じて投資需要の調査を行う等市場実勢を尊重して**適正な発行条件を決定することに努め**，引受けに関する自己の取引上の地位を維持し又は有利ならしめるため，**著しく不適当と認められる数量，価格その他の条件**により有価証券の引受けを行うことのないようにしなければならない。 |
|---|---|

## ▌ 会員 不適切な引受審査 ・・・・・・・・・・・・・・・・・・・・・・

| 適切な審査 | 協会員は，有価証券の元引受けを行う場合において，発行者の財務状況，経営成績その他引受けの適否の判断に資する事項の**適切な審査**を行わなければならない。 |
|---|---|

## ▉▉ 迷惑時間勧誘の禁止 ・・・・・・・・・・・・・・・・・

| 迷惑時間勧誘 | 協会員又はその役職員は，個人顧客に**迷惑を覚えさせるような時間に電話又は訪問により勧誘**を行ってはならない。<br>例えば，顧客から事前の要請や了解を得ているなど，正当な理由がある場合を除き，夜中や一般的な休日に電話・訪問により勧誘することは**迷惑時間勧誘**に該当する可能性が高い。 |
|---|---|

## ▉▉ デリバティブ取引の勧誘等に関する禁止行為 ・・・・・・・・・・・

| 勧誘行為の<br>禁　　　止 | ① 店頭デリバティブ取引契約締結の**勧誘の要請をしていない顧客**に対し，訪問又は電話で当該契約の締結の勧誘行為。<br>② 勧誘に先立って，顧客に対し，その**勧誘を受ける意思の有無を確認することなく勧誘**する行為，又は勧誘を受けた顧客が当該契約の締結をしない旨の意思を表示したにもかかわらず，当該勧誘を継続する行為。<br>③ 商品関連市場デリバティブ取引の締結につき，その勧誘に先立って，その勧誘を受ける意思の有無を確認する際，㈠訪問し又は電話をかける行為。㈣勧誘する目的があることをあらかじめ明示しないで当該顧客を集めること。 |
|---|---|

## ▉▉ 無登録信用格付業者による格付けの提供 ・・・・・・・・・・・・

| 説明義務 | 金融商品取引契約の締結の勧誘を行うにあたり，**無登録格付業者**（信用格付業者以外の信用格付業を行う者）の付与した信用格付を提供する場合は，当該無登録格付業者が内閣総理大臣の**登録を受けていない者である旨**，及び当該**登録の意義**のほか，当該無登録格付業者に関する事項について**説明**しなければならない。 |
|---|---|

## ■ 会員 ライツ・オファリングに係る協会員の禁止行為等・・・・・・・・・

| ライツ・オファリングの規定整備 | ライツ・オファリング（新株予約権無償割当てによる増資）には，**コミットメント型**（権利行使されなかった新株予約権を引受会員が行使するもの）と**ノンコミットメント型**がある。<br>新株予約権の募集等に際し，その未行使分を取得して自己又は第三者が行使することを内容とする契約を締結する者は「引受人」と位置付けられ，その引受人の行為が「有価証券の引受け」に含まれる。 |
| --- | --- |

**問題1** 次の「会員と親法人又は子法人等との取引における禁止行為」に関する記述として，正しいものはどれか。正しい記述をイ～ハから選んでいる選択肢の番号を一つマークしなさい。

イ 会員が，親法人又は子法人等の発行する有価証券の引受主幹事になることは認められる。

ロ 会員が，その親銀行等又は子銀行等の取引上の優越的な地位を不当に利用して金融商品取引契約の締結又はその勧誘を行うことは禁止されている。

ハ 会員が，通常の取引の条件と著しく異なる条件で，親法人又は子法人等と資産の売買等の取引を行うことは禁止されている。

（選択肢）

1 正しいものはイ及びロであり，ハは正しくない。

2 正しいものはイ及びハであり，ロは正しくない。

3 正しいものはロ及びハであり，イは正しくない。

4 イ，ロ及びハすべて正しい。

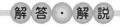
解 答 ・ 解 説

**問題1** 解答：3

解説：イは誤り。親法人又は子法人等の発行する有価証券の<u>引受主幹事になることは禁止</u>されている。

VII

協会員と役職員の規制

**問題2**　次の文章について，正しい場合は○へ，正しくない場合は×の方
　　　　ヘマークしなさい。

1 **会員**　協会員及びその役職員は，店頭デリバティブ取引の勧誘を受
け，当該契約の締結をしない旨の意思を表示していた顧客に，再度，当
該勧誘を継続することにした。

2 **会員**　協会員は，引受けを行うにあたっては，必要に応じて投資需要
の調査を行う等市場実勢を尊重して適正な発行条件を決定することに努
めなければならない。

3 **会員**　協会員は，有価証券の元引受けを行う場合において，発行者の
財務状況，経営成績その他引受けの適否の判断に資する事項の適切な審
査を行わなければならない。

4 **会員**　協会員は，顧客の保護や公正な取引の確保を妨げることとなる
ため，金融商品取引業以外の業務を行うことはできない。

5 **会員**　ライツ・オファリングに係る開示制度等が整備され，新株予約
権の募集等に際し，その未行使分を取得して自己又は第三者が行使する
ことを内容とする契約を締結する者は「引受人」と位置付けられる。

---

解 答・解 説

---

**問題2**　解答：1×，2○，3○，4×，5○

　　　　解説：1は誤り。勧誘を受けた顧客が当該契約の締結をしない旨の
　　　　　　　意思を表示したにもかかわらず，<u>当該勧誘を継続してはなら
　　　　　　　ない</u>。
　　　　　　　4は誤り。協会員は，内閣総理大臣への届出又はその承認に
　　　　　　　より<u>金融商品取引業以外の幅広い業務を行うことができる</u>。
　　　　　　　ただし，そのことによって，<u>顧客や公正な取引の確保を妨げ
　　　　　　　ることのないように</u>しなければならない。

**問題3** 次の文章のうち，正しいものはどれか。正しいものをイ〜ハから
選んでいる選択肢の番号を一つマークしなさい。

イ 協会員は顧客に対し，金融商品取引契約の締結の勧誘を行うにあた
り，無登録格付業者の付与した信用格付を制限なく提供することができ
る。

ロ 協会員は，店頭デリバティブ取引契約締結の勧誘の要請をしていない
顧客に対し，訪問又は電話で当該契約の締結を勧誘する行為を行っては
ならない。

ハ 協会員又はその役職員は，金融商品取引契約の締結又は解約に関し，
個人顧客に迷惑を覚えさせるような時間に電話又は訪問により勧誘を
行ってはならない。

（選択肢）

1 正しいのはイ及びロであり，ハは正しくない。

2 正しいのはイ及びハであり，ロは正しくない。

3 正しいのはロ及びハであり，イは正しくない。

4 イ，ロ及びハすべて正しい。

**VII**

協会員と役職員の規制

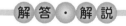

解 答 ・ 解 説

**問題3** 解答：3

解説：イは誤り。無登録格付業者の付与した信用格付を提供する場
合，内閣総理大臣の登録を受けていない者である旨，及び当
該登録の意義等を説明しなければならない。

# 4

## 共通
# 協会員の役職員の取引に関する禁止行為

重要度★★★★★

■ 呑み行為の禁止 ・・・・・・・・・・・・・・・・・・・・・・・・・・・・・

| 呑み行為 | 協会員の役職員は，顧客から有価証券の売買その他の取引等の注文を受けた場合，**自己がその相手方となって有価証券の売買その他の取引**等を成立させてはならない。 |
|---|---|

■ 名義借りの禁止 ・・・・・・・・・・・・・・・・・・・・・・・・・・・・・

| 名義借り | 協会員の役職員が，**自己の有価証券の売買その他の取引，有価証券関連デリバティブ取引，特定店頭デリバティブ取引又は商品関連市場デリバティブ取引について，顧客の名義又は住所を使用すること**（名義借り）は禁止されている。 |
|---|---|

■ 信用取引及びデリバティブ取引等の禁止 ・・・・・・・・・・・・・・・・・

| 信用取引等の禁止 | 協会員の役職員は，いかなる名義を用いているかを問わず，**自己の計算において**信用取引，有価証券関連デリバティブ取引，特定店頭デリバティブ取引又は商品関連市場デリバティブ取引等を行ってはならない。 |
|---|---|

■ その他特別の情報を利用した売買等の禁止 ・・・・・・・・・・・・・・・・

| 地位利用の売買 | 協会員の役職員は，自己の**職務上の地位を利用**して，顧客の有価証券の売買その他の取引等に係る注文の動向その他**職務上知り得た特別の情報に基づいて**，又は専ら投機的利益を追求する目的として有価証券その他の取引等を行ってはならない。 |
|---|---|

## ■ 名義書換の外部依頼の禁止 ・・・・・・・・・・・・・・・・・・・・・・・

| 名義書換の外部依頼 | 協会員の役職員は，顧客から有価証券の名義書換等の手続の依頼を受けた際に，当該**協会員を通じないで手続を行ってはならない。** |
|---|---|

## ■ 受渡しの遅延の禁止 ・・・・・・・・・・・・・・・・・・・・・・・・・

| 受渡しの遅延 | 協会員の役職員は，顧客から，協会員に交付するために預託された金銭，有価証券，又は協会員から顧客に交付するために預託された金銭，有価証券については，**遅滞なく相手方に引き渡さなければならない。** |
|---|---|

## ■ 金銭，有価証券の貸借の禁止 ・・・・・・・・・・・・・・・・・・・・・

| 金銭，有価証券の貸借 | 協会員の役職員は，**有価証券等の売買その他の取引等に関し，顧客と金銭，有価証券の貸借を行ってはならない。** |
|---|---|

協会員と役職員の規制

次の文章について，正しい場合は○へ，正しくない場合は×の方
へマークしなさい。

1　協会員又はその役職員は，いかなる名義を用いるかを問わず，自己の
計算において信用取引を行ってはならない。

2　協会員又はその役職員は，その職務上の地位を利用して，若しくは特
別の情報に基づき有価証券の売買等を行ってはならない。

3　協会員又はその役職員は，顧客から有価証券の名義書換等の手続の依
頼を受けた場合，協会員を通じないで自ら手続を行うことは，顧客から
の承諾があれば認められる。

4　協会員又はその役職員は，有価証券その他の取引に関して，顧客と有
価証券の貸借を行ってはならない。

---

## 解 答 ・ 解 説

問題1　解答：1○，2○，3×，4○

解説：3は誤り。名義書換等を協会員を通じないで行うことは，名
義貸し，仮名取引につながるために禁止されている。

**問題2** 次の文章のうち，「協会員の役職員の取引に関する禁止行為」に関する記述として正しいものをイ〜ハから選んでいる選択肢の番号を一つマークしなさい。

イ 協会員の役職員は，顧客から協会員に交付されるために預託された金銭，有価証券，また，協会員から顧客に交付するために預託された金銭，有価証券については，遅滞なく相手方に引き渡さなければならない。

ロ 顧客から有価証券の売買取引等の注文を受けた場合，自己がその相手方となって有価証券の売買取引等を成立させることができる。

ハ 協会員の役職員は，顧客の名義又は住所を使用して自己の有価証券の売買その他の取引等を行ってはならない。

（選択肢）

1 正しいのはイ及びロであり，ハは正しくない。

2 正しいのはイ及びハであり，ロは正しくない。

3 正しいのはロ及びハであり，イは正しくない。

4 イ，ロ及びハすべて正しい。

解 答 ・ 解 説

**問題2** 解答：2

解説：ロは誤り。<u>自己がその相手方となって有価証券の売買取引等を成立させてはならない。</u>

# 市場取引における禁止行為

**会員**

重要度★★★★★

## ■ 逆指値注文

| | |
|---|---|
| 逆指値注文とは | 有価証券の相場が委託時の相場より騰貴して，自己の**指値以上と**<br>**なったときには直ちに買付けをし**，又は有価証券の相場が委託時<br>の相場より下落して自己の**指値以下となった場合には，直ちに売**<br>**付けをする条件を付けた委託注文**のこと。 |
| 逆指値注文の効果 | このような注文は，相場の勝落を激化させる反面，計算上の利益<br>確保，損失の拡大を食い止めるといった効果が生じる場合もあり，<br>全面的に禁止しているものではない。 |
| 充分留意 | 逆指値注文の受託にあたっては，<br>① 公正な価格形成を阻害するような注文でないこと。<br>② 受注時のトラブルを回避するため，社内の受注体制・システ<br>ムが十分整備されていることには十分留意すること。 |

## ■ 空売りの制限

| | |
|---|---|
| 空売りとは | **有価証券を所有しないで，又は借り入れて売付けを行うこと。** |
| 空売りの確認 | 協会員は，金融商品市場（私設取引システム（PTS）における<br>取引を含む）での有価証券の売付けの受託について，委託者に対<br>し，当該売付けが**空売りであるか否かの別を確認**をすること。 |
| 空売りの明示 | 協会員等は有価証券の売付けについて，当該金融商品取引所に対<br>し，**当該売付けが空売りであるか否かの別を明示**すること。 |
| 報告・公表制度 | **空売りポジション**の報告・公表制度として，発行済株式総数の<br>0.2％以上（並びに，その後0.1％の変更がある都度，及び0.2％<br>を下回ったとき）については，**取引所に対する報告**，0.5％以上（及<br>び0.5％を下回ったとき）については，**取引所による公表**の対象<br>とされる。 |

| | |
|---|---|
| 空売りの価格制限 | 協会員が取引所金融商品市場において，自己の計算又は顧客の計算により行う空売り，及び空売りの委託又は委託の取次ぎの申込者（顧客）が行う空売りの指示については，一定の価格制限に服することになっている。<br>前日終値等を基礎として算出された基準価格と比較して，<br>① **10％以上低い価格で約定が発生した場合，その時点から当日の取引終了時点まで**，価格制限が適用される。<br>② その場合，**翌日の取引開始時点から取引終了時点まで**価格制限が適用される（トリガー方式）。 |
| 規制内容 | トリガー方式のもとで空売りの価格制限が課せられている場合には，金融商品取引所が直近に公表した価格（直近公表価格）以下の価格で空売りを行ってはならない。<br>ただし，**直近公表価格がその直前の異なる価格を上回る場合には，直近公表価格で空売りを行うことができる。** |
| 適用除外取引 | 個人投資家等による信用取引（適格機関投資家以外の者による売付け１回当たり**50売買単位以内**の信用取引）など。 |

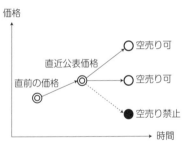

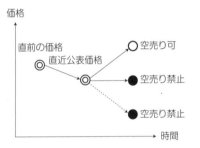

　直近の公表価格と直前の価格が同価格である場合には，さらにその前の価格と比較し，①直近公表価格の方が高いときは直近公表価格未満での空売りが禁止され，②直近公表価格が低いときは直近公表価格以下の空売りが禁止される。

## 公募増資公表後の空売り規制 ・・・・・・・・・・・・・・・・・・・・・

| 不公正な取引 | 協会員は，有価証券の募集又は売出しが行われる旨の公表がされてから当該有価証券の発行価格又は売出価格が決定されるまでの期間，空売り又はその委託若しくは，委託の取次ぎの申込みを行った場合には，当該募集又は売出しに応じて取得した有価証券により当該空売りに係る有価証券の借入れの決済を行ってはならない。 |
|---|---|

## 安定操作期間中の買付け等の制限 ・・・・・・・・・・・・・・・・・・

| 買付けの制限 | 元引受協会員の次の行為は禁止される。<br>① 期間中における自己の計算による買付け。<br>② 他の金融商品取引業者等に買付けの委託をする行為。<br>③ 発行会社である会社の計算による買付けの受託　など。 |
|---|---|

## 店頭有価証券の取引に関する規制 ・・・・・・・・・・・・・・・・・・

| 規　　　制 | ① 成行注文及び信用取引を受託しないこと。<br>② 自己売買を行う場合，公正な価格形成及び経営の健全性を損なうことのないよう，留意すること　など。 |
|---|---|

**問題1** 　次の文章の「空売り規制」に関する記述のうち，正しいものはどれか。正しいものをイ〜ハから選んでいる選択肢の番号を一つマークしなさい。

イ　個人投資家は規制の対象外である。

ロ　空売り規制の内容は，基準価格から10％以上低い価格で約定が発生した場合，当該価格以下で空売りを行うことができないということである。

ハ　10％以上低い価格で約定が発生した場合，その時点から「空売り価格規制」となり，翌営業日の取引終了時点まで「空売り価格規制」が適用される。

（選択肢）

1　正しいのはイ及びロであり，ハは正しくない。

2　正しいのはイ及びハであり，ロは正しくない。

3　正しいのはロ及びハであり，イは正しくない。

4　イ，ロ及びハすべて正しい。

VII

協会員と役職員の規制

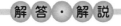

解 答 ・ 解 説

**問題1**　**解答**：3

　　　　　**解説**：イは誤り。個人投資家であっても，売付け1回当たり50売買単位以内の信用取引ならば，適用除外となるが，それを超える注文は規制の対象となる。

**問題2** 次の記述のうち，正しいものはどれか。正しいものをイ～ハから
選んでいる選択肢の番号を一つマークしなさい。

イ 協会員は，有価証券の募集又は売出しが行われる旨の公表がされてか
ら当該有価証券の発行価格又は売出価格が決定されるまでの期間，空売
りを行った場合には，当該募集又は売出しに応じて取得した有価証券に
より当該空売りに係る有価証券の借入れの決済を行ってはならない。

ロ 元引受協会員は，安定操作期間中における自己の計算による買付けを
行うことができる。

ハ 協会員は，店頭有価証券について，成行注文を受託してはならない。

（選択肢）

1 正しいものはイ及びロであり，ハは正しくない。

2 正しいものはイ及びハであり，ロは正しくない。

3 正しいものはロ及びハであり，イは正しくない。

4 イ，ロ及びハすべて正しい。

解 答 ・ 解 説

**問題2** 解答：2

解説：ロは誤り。元引受協会員は，安定操作期間中における自己の
計算による買付けを行ってはならない。

**問題3** 次の文章の「空売りに関する報告・公表制度」に関する記述のうち，正しいものはどれか。正しいものをイ～ハから選んでいる選択肢の番号を一つマークしなさい。

イ 空売りポジションが発行済株式総数の0.2％以上になった場合は，取引所に報告しなければならない。

ロ 取引所に報告後，空売りポジションの変化については，取引所への報告義務はない。0.5％以上（及び0.5％を下回ったとき）については，取引所による公表の対象とされる。

ハ 空売りポジションが発行済株式総数の0.5％以上になった場合は，取引所による公表の対象とされる。

（選択肢）

1 正しいのはイ及びロであり，ハは正しくない。

2 正しいのはイ及びハであり，ロは正しくない。

3 正しいのはロ及びハであり，イは正しくない。

4 イ，ロ及びハすべて正しい。

VII

協会員と役職員の規制

解 答 ・ 解 説

**問題2** **解答**：2

**解説**：ロは誤り。取引所の報告後は，0.1％の変更がある都度，及び0.2％を下回ったとき，取引所に報告しなければならない。

# 6 特別会員の市場取引における禁止行為

重要度★★★★★

## ▌▌ 預金等との誤認防止 ・・・・・・・・・・・・・・・・・・・

| 説 明 義 務 | 特別会員は株式，社債などを取扱う場合，書面交付等の方法により，**預金保険の対象となる預金等との誤認を防止**するため， |
|---|---|
| | ① 預金等ではない（保険会社にあっては保険契約ではないこと）。 |
| | ② 預金保険の対象とならないこと（保険会社にあっては補償対象契約とはならないこと）。 |
| | ③ 投資者保護基金の補償対象外である。 |
| | ④ 元本の返済が保証されていない。 |
| | ⑤ 契約の主体。　などを**説明**しなければならない。 |
| 掲　　　　示 | 特別会員は，その営業所又は事業所において有価証券を取り扱う場合には，上記①～⑤の事項を，当該有価証券を取り扱う窓口を利用する顧客が，その場で**目視できる場所**に掲示すること。 |

## ▌▌ バックファイナンス等の規制 ・・・・・・・・・・・・・・・

| 条件付きの勧誘の禁止 | ① **融資等の便宜供与の禁止** |
|---|---|
| | ② **自動的な信用供与の禁止** |

## ▌▌ 抱き合わせ販売や優越的地位の濫用の禁止 ・・・・・・・・・

| 優越的地位の濫用の禁止 | （取引強制，優先的地位の利用） |
|---|---|
| | 金融機関が，融資先企業に対し，自己と取引しない場合には融資を取りやめる旨，又は融資に関し不利な取扱いをする旨を示唆し，自己と有価証券の売買の媒介等の取引を行うことを事実上余儀なくさせること。 |
| | （抱き合わせ販売） |
| | 金融機関が，企業に対する融資を行うに当たり，自己と有価証券の売買の媒介等の取引を行うことを要請し，これに従うことを事実上余儀なくさせること。 |

## ▓ 利益相反管理態勢 ・・・・・・・・・・・・・・・・・・・・・・・・・・・・

| 管理態勢の構築 | 利益相反による弊害防止の実効性を担保するため，協会員には自社又はグループ会社による取引に伴い，顧客の利益が不当に害されることがないよう，利益相反管理態勢の構築が**義務付け**られている。 |
|---|---|

## ▓ 利益相反の開示 ・・・・・・・・・・・・・・・・・・・・・・・・・・・・・

| 借入債務に係る禁止行為 | ① 委託金融商品取引業者が，その親又は子法人（銀行等）に対して借入債務を有する者が発行する有価証券の引受人となる場合に，**その有価証券に係る手取金が借入債務の弁済に充てられることを知りながら**，その事情を顧客に告げることなく，その有価証券に係る金融商品仲介行為を行ってはならない。 |
|---|---|
| | ② 自己に対して借入債務を有する者が発行する有価証券に係る手取金がその借入債務の弁済に充てられることを知りながら，**その事情を顧客に告げることなく**，その有価証券に係る金融商品仲介を行ってはならない。 |
| | ③ 自己が主たる貸出先である者が有価証券を発行する場合，**その旨を顧客に説明することなく**，その有価証券に係る金融商品仲介行為を行ってはならない。 |

## ▓ 非公開融資等情報の管理 ・・・・・・・・・・・・・・・・・・・・・・・・

| 非公開融資情報の授受の禁止 | 特別会員の金融商品仲介業務に従事する役職員は，**有価証券の発行者である顧客の非公開融資等情報**を融資業務に従事する役職員から受領し，又は融資業務に従事する役職員に**提供することは禁止**されている。 |
|---|---|
| （例外） | ① 事前に顧客の書面による同意を得て提供する場合。 |
| | ② 融資業務に従事する役職員から非公開融資等情報を受領する必要があると認められる場合。 |
| | ③ 金融商品仲介業務を実施する組織の業務を統括する役職員に提供する場合。 |

協会員と役職員の規制

197

| | |
|---|---|
| 同情報を利用した勧誘の禁止 | 特別会員において，金融商品仲介業務及び融資業務を併せて実施する組織の業務を統括する役職員は，有価証券の発行者である顧客の**非公開融資等情報を自ら取得し**，又は融資業務若しくは金融機関代理業務に従事する役職員から受領して，**その有価証券に係る取引等の勧誘**を行い，又はその統括する役職員が事前にその顧客の書面による同意を得ることなく，その非公開融資等情報を**金融商品取引業又は金融商品仲介業務に従事する役職員に提供して**はならない。 |
| 情報管理の徹底 | 非公開融資等情報の管理及びその情報に係る不公正取引の未然防止に関する**社内規則を定めるとともに**，役職員に周知し，その**遵守徹底**を図ること。 |

## ▮ 委託金融商品取引業者との顧客情報の授受の禁止 ・・・・・・・・・・・

| | |
|---|---|
| 顧客情報を利用した取引の勧誘禁止 | 特別会員が取得した顧客情報を，**事前に顧客の書面による同意を得ることなく**，委託金融商品取引業者に提供し，又は委託金融商品取引業者から取得した**顧客情報を利用して有価証券の売買その他の取引等を勧誘してはならない。** |

## ▮ 特別会員と親子関係にある法人との間の弊害防止措置 ・・・・・・・・・

| | |
|---|---|
| 弊害防止措置の適用 | 特別会員と一定の資本関係・人的関係にある「親法人又は子法人等」の間で金融商品取引等を行うときは，一定の**弊害防止措置が適用**される。<br>（具体例）金融商品仲介業務を行う特別会員又はその役職員は，通常の取引の条件と異なる条件であって取引の公正を害するおそれのある条件で，その親法人等又は子法人等と有価証券の売買その他の取引を行ってはならない，など。 |

**問題1**　**特別会員**　次の文章の「禁止行為」に関する記述のうち，正しい
　　　　　ものはどれか。正しいものをイ〜ハから選んでいる選択肢の番号
　　　　　を一つマークしなさい。

イ　金融商品仲介業務を行う特別会員又はその役職員は，信用供与を行う
　ことを条件として，金融商品仲介行為を含む金融商品取引契約締結の勧
　誘を行ってはならない。

ロ　金融商品仲介業務を行う特別会員が取得した顧客情報を，委託金融商
　品取引業者に提供し，又は委託金融商品取引業者から取得した顧客情報
　を利用して有価証券等の取引等を勧誘することが認められている。

ハ　委託金融商品取引業者が，その親又は子法人（銀行等）に対して借入
　債務を有する者が発行する有価証券の引受人となる場合において，その
　有価証券に係る手取金が借入債務の弁済に充てられることを知りなが
　ら，その事情を顧客に告げることなく，その有価証券に係る金融商品仲
　介行為を行ってはならない。

（選択肢）

1　正しいのはイ及びロであり，ハは正しくない。

2　正しいのはイ及びハであり，ロは正しくない。

3　正しいのはロ及びハであり，イは正しくない。

4　イ，ロ及びハすべて正しい。

解 答・解 説

**問題1**　解答：2

　　　解説：ロは誤り。顧客情報を利用して有価証券等の取引等を勧誘し
　　　　　てはならない。

**問題2** **特別会員** 次の文章について，正しい場合は○へ，正しくない場合は×の方へマークしなさい。

1　特別会員は又は役職員は，自己の取引上の優越的な地位を不当に利用して金融商品取引契約の締結又はその勧誘を行ってはならない。

2　特別会員の金融商品仲介業務に従事する役職員は，いかなる場合も，有価証券の発行者である顧客の非公開融資等情報を融資業務に従事する役職員から受領し，又は融資業務に従事する役職員に提供することは禁止されている。

3　特別会員は又は役職員は，登録金融機関金融商品仲介行為に係る取引について，顧客に対して，その顧客が委託金融商品取引業者に開設した取引口座に残高不足が生じた場合に，信用供与を自動的に行うことができる。

4　金融商品仲介行為を含む登録金融機関業務を行う特別会員は，株式，社債などを取り扱う場合には，書面交付等の方法により，預金保険の対象となる預金等との誤認を防止するため，（ア）預金等ではないこと，（イ）預金保険の対象とならないこと，（ウ）投資者保護基金の補償対象外であることなどを説明しなければならない。

5　特別会員は，顧客に対して，融資，保証等の特別な便宜の提供を約し，登録金融機関業務に係る取引又は当該取引の勧誘を行ってはならない。

―――――――― 解 答 ・ 解 説 ――――――――

**問題2**　**解答**：1○，2×，3×，4○，5○

　　　　**解説**：2は誤り。①事前に顧客の書面による同意を得て提供する場合。②融資業務に従事する役職員から非公開融資等情報を受領する必要があると認められる場合。③金融商品仲介業務を実施する組織の業務を統括する役職員に提供する場合は，例外として認められる。

　　　　　　　3は誤り。このような場合，信用供与を自動的に行い，又は行うことを約した登録金融機関金融商品仲介行為は行ってはならない。

**問題3** **特別会員** 次の文章の「禁止行為」に関する記述のうち，正しいものはどれか。正しいものをイ〜ハから選んでいる選択肢の番号を一つマークしなさい。

イ　特別会員又はその役職員は，顧客の預金残高が株式の購入代金に不足している場合に，顧客に確認することなく，その顧客の総合口座に不足金額に相当する額の貸越しを行い，委託金融商品取引業者に送金することができる。

ロ　特別会員又はその役職員は，企業に対する融資を行うに当たり，自己と有価証券の売買の媒介等の取引を行うことを要請し，これに従うことを事実上余儀なくさせてはならない。

ハ　特別会員又はその役職員は，融資先企業に対し，自己と取引しない場合には，融資に関し不利な取扱いをする旨を示唆し，自己と有価証券の売買の媒介等の取引を行うことを事実上余儀なくさせてはならない。

（選択肢）

1　正しいのはイ及びロであり，ハは正しくない。

2　正しいのはイ及びハであり，ロは正しくない。

3　正しいのはロ及びハであり，イは正しくない。

4　イ，ロ及びハすべて正しい。

解 答 ・ 解 説

**問題3**　**解答**：3

　　　　　**解説**：イは誤り。この場合，貸越しを行う都度，顧客に確認を行い，送金の指示を受けて手続きを行う必要がある。

## 共通・一部会員
# 協会員に対するその他の規制

重要度★★★★★

**■■ 会員** 公開買付けに関する規制

| | |
|---|---|
| 取引の安全確保 | 公開買付けを行うにあたっては，**株券等の保管，買付け等の代金の支払等に関する事務は**，取引の安全を確保するため，**第一種金融商品取引業者又は銀行等に行わせ**なければならない。 |
| 別途買付けの禁止 | 公開買付けに際し，内部者取引や相場操縦等の不公正な取引が行われる可能性があることから，公開買付けによらないで，公開買付対象会社の発行する株券等の買付けを行う，いわゆる**別途買付けは原則禁止**される。 |

## ■ 取引の信義則に反する行為 ・・・・・・・・・・・・・・・

| | |
|---|---|
| 信義則に反する行為 | 協会，金融商品取引所若しくは協会員の信用を失墜させ，又は協会，金融商品取引所若しくは協会員に対する信義に反するような行為を行ってはならない。 |

## ■ 外務員の職務範囲等の管理 ・・・・・・・・・・・・・・・

| | |
|---|---|
| 登録 | 協会員は，当該協会員のために有価証券の売買その他の取引等の行為を行う者の氏名等について，**外務員登録原簿に登録を受けな**ければならない。<br>**登録を受けた外務員以外の者**に有価証券の売買その他の取引等の行為を行わせてはならない。 |
| 外務員の権限 | 外務員は，その所属する協会員に代わって，**一切の裁判外の行為を行う権限を有するもの**とみなされる。 |
| 金融商品取引業者等の責任 | 登録を受けている外務員はもちろんのこと，登録を受けていない者の行為の効果は，その所属する協会員に直接帰属し，**協会員は，これらの者の当該行為により負った債務について直接履行する責任を負う。** |

協会員は，一種外務員，信用取引外務員，二種外務員等の各外務員の種類に応じた**職務範囲以外の外務員の職務を行わせてはならない。**

**問　題**　次の文章について，正しい場合は〇へ，正しくない場合は×の方へマークしなさい。

1　登録を受けている外務員の行為の効果は直接協会員に帰属し，登録を受けていない者の行為の効果については協会員はその責任を負うことはない。

2　二種外務員は，一種外務員が同行した場合に限り，新株予約権証券に係る外務行為を行うことができる。

3　二種外務員は，有価証券関連デリバティブ取引等はできないが，信用取引等については，一種外務員又は信用取引外務員が同行する場合には注文を受託することができる。

4 **会員**　公開買付けを行うにあたっては，株券等の保管，買付け等の代金の支払等に関する事務は，取引の安全を確保するため，協会員又は銀行等に行わせなければならない。

5 **会員**　協会員が公開買付けに係る事務を行う者又は公開買付代理人となった場合，公開買付けによらないで，公開買付対象会社の発行する株券等の買付を行う，いわゆる別途買付けは原則として認められている。

**解　答　・　解　説**

解答：1×，2×，3〇，4〇，5×

解説：1は誤り。登録を受けていない者の行為の効果も直接協会員に帰属する。

　2は誤り。一種外務員が同行した場合でも，新株予約権証券に係る外務行為は行うことができない。

　5は誤り。公開買付けに際し，内部者取引や相場操縦等の不公正な取引が行われる可能性があることから，公開買付けによらない，いわゆる別途買付けは原則禁止される。

# 不公正取引の規制等

## 1

# 共通
# 包括規定，風説の流布，偽計等の禁止

重要度★★★★

■ 金融商品取引法の目的に反する不公正取引に対する規制 ・・・・・・・・

| 金商法の目的 | ① 発行市場における正確な情報開示や資源の効率的な配分。<br>② 流通市場における迅速かつ正確な情報の開示。<br>③ 市場取引される有価証券の公正な価格形成。<br>④ 投資者の保護及び投資者の市場への信頼保護など。 |
|---|---|
| 規　　　制 | このような目的に反する行為を防止するため，不公正取引に対する規制がある。 |

■ 不公正取引規制 ・・・・・・・・・・・・・・・・・・・・・・・・・・・・

| 規 制 対 象 | 適用対象となる有価証券は，上場・非上場にかかわらず，金商法上のすべての有価証券である。<br>また流通市場における売買のみならず，発行市場における募集，売出しを含む。 |
|---|---|
| 包 括 規 定 | 何人も，有価証券の売買その他の取引又はデリバティブ取引等について，**不正の手段，計画又は技巧をしてはならない。** |
| 虚偽表示等による財産取得 | 何人も，**重要な事項について虚偽の表示があり，又は誤解を生じさせないために必要な重要な事実の表示が欠けている**文書その他の表示を使用して金銭その他の財産を取得してはならない。 |
| 虚偽相場の利　　　用 | 何人も，有価証券の売買その他の取引又はデリバティブ取引等を誘引する目的をもって，**虚偽の相場を利用してはならない。** |

## ■ 風説の流布，偽計等の禁止 ・・・・・・・・・・・・・・・・・・・

| 禁止行為 | 何人も，有価証券の募集，売出し若しくは売買その他の取引若しくはデリバティブ取引等のため，又は有価証券等の相場の変動を図る目的で，**風説を流布し，偽計を用い又は暴行・脅迫をしてはならない。**<br>風説は，その内容が必ずしも虚偽であることを要しない。<br>偽計とは，他人を錯誤に陥らせる詐欺的な行為を指す。 |
| --- | --- |

**問題** 次の文章について，正しい場合は○へ，正しくない場合は×の方
へマークしなさい。

1 有価証券の売買その他の取引等を誘引する目的をもって，虚偽の相場
を利用してはならないが，この禁止規定は協会員及びその役職員に限っ
て適用される。

2 有価証券の売買その他の取引等において不正の手段，計画又は技巧を
なすことは不公正取引として禁止されているが，この禁止規定の適用対
象に非上場の有価証券は含まれない。

3 不公正取引の対象となる「有価証券の売買その他の取引」とは，流通
市場での取引のみで，発行市場での取引は含まれない。

4 有価証券の募集・売出し，売買その他の取引等のため，有価証券の相
場の変動を図る目的で風説を流布することは禁止されているが，風説は
その内容が虚偽であることを要しない。

### 解 答 ・ 解 説

解答：1×，2×，3×，4○

解説：1は誤り。この禁止規定は，発行会社，金融商品取引業者，その役職員
及び主要株主を問わず「すべての者」が対象となる。

2は誤り。この禁止規定は，上場・非上場にかかわらずすべての「金融
商品取引法上の有価証券」に適用される。

3は誤り。発行市場での取引（有価証券の募集，売出し等）も含まれ
る。

## 2

共通

# 相場操縦の禁止

重要度★★★★

## ▌▌ 仮装売買・馴合売買による相場操縦の禁止 ・・・・・・・・・・・

| 禁止行為 | 何人も，有価証券の売買，市場デリバティブ取引又は店頭デリバティブ取引について，**取引が繁盛に行われていると他人に誤解を生じさせる目的**をもって，実質的な売買等とはいえない「**仮装売買**」や「**馴合売買**」をしてはならない。<br><br>・**仮装売買** 有価証券について権利の移転を目的としない売買で，同一人が同一取引についてその両当事者となる取引がこれに該当する。<br>・**馴合売買** 有価証券の自己の売付け（又は買付け）を，それと同時期に同価格で他人がその有価証券の買付け（又は売付け）を行うことをあらかじめその者と通謀して行うこと。 |
|---|---|

## ▌▌ 現実取引による相場操縦の禁止 ・・・・・・・・・・・・・・・

| 禁止行為 | 何人も，有価証券売買等のうち，いずれからの取引を誘引する目的をもって，有価証券売買等が**繁盛であると誤解させ**，又は取引所金融商品市場における上場金融商品等の**相場を変動させるべき，一連の有価証券売買等又はその申込み，委託若しくは受託等**をしてはならない。 |
|---|---|
| 要件 | このような相場操縦が成立するためには<br>「**誘引目的**」のほか「**相場を変動させるべき一連の売買取引**」といった要件が満たされる必要がある。 |

**問　題**　次の文章のうち，「仮装売買・馴合売買による相場操縦の禁止」及び「現実取引による相場操縦の禁止」に関する記述のうち，正しいものはどれか。正しい記述に該当するものをイ～ハから選んでいる選択肢の番号を一つマークしなさい。

イ　仮装売買とは，有価証券の自己の売付け（又は買付け）を，それと同時期に同価格で他人がその有価証券の買付け（又は売付け）を行うことをあらかじめその者と通謀して行うことをいう。

ロ　馴合売買とは，有価証券について権利の移転を目的としない売買のことで，同一人が同一取引についてその両当事者となる取引をいう。

ハ　現実取引による相場操縦は禁止されているが，相場操縦が成立するためには，「誘引目的」のほかに「相場を変動させるべき一連の取引」といった要件が満たされる必要がある。

（選択肢）

1　正しいのはイ及びロであり，ハは正しくない。

2　正しいのはイ及びハであり，ロは正しくない。

3　正しいのはハのみであり，イ及びロは正しくない。

4　イ，ロ及びハすべて正しい。

解　答　・　解　説

解答：3

解説：イは誤り。「仮装売買」ではなく「馴合売買」に該当する。

　　　ロは誤り。「馴合売買」ではなく「仮装売買」に該当する。

# 3 内部者取引規制（インサイダー取引規制）

共通

重要度★★★★★

## ■ 内部者取引（インサイダー取引）の禁止 ・・・・・・・・・・・・・・・・・・

| 禁止行為 | 会社関係者などで，所定の方法により上場会社等の業務に関する**重要事実**を知った者は，それが公表される前に，その上場会社等の特定有価証券等に係る売買等をしてはならない。 |
|---|---|

## ■ 用語の解説 ・・・・・・・・・・・・・・・・・・・・・・・・・・・・・・・・・・・・・・・・・・・・・・

| 会社関係者 | ① 上場会社等（その親会社及び子会社等を含む）の役員等<br>② 上場会社等の**会計帳簿閲覧権を有する株主**<br>③ 上場会社等に対して**調査権等の権限を持つ者**<br>④ 上場会社等と契約を締結している者（**取引銀行，証券会社，公認会計士**等）又は締結の交渉をしている者<br>⑤ 上記の**会社関係者でなくなってから1年以内の元会社関係者** |
|---|---|
| 情報受領者 | 会社関係者から**重要事実の伝達を受けた者**，又は職務上その伝達を受けた者が所属する法人の他の役員等であって，その業務等に関する**重要事実を知った者** |
| 重要事実 | ① **決定事実**<br>株式・新株予約権の発行，自己株式の取得・処分，資本金の額の減少，株式無償割当て，株式の分割，剰余金の配当，株式交換・移転，合併，会社分割，事業の譲渡・譲受け，解散など<br>② **発生事実**<br>災害に起因する損害，主要株主の異動，特定有価証券等の上場廃止・登録取消しの原因となる事実，親会社の異動など<br>③ **決算情報**<br>売上高，経常利益，純利益，配当等について公表された予想値等と新たな予想値・決算との間に一定程度以上の差異が生じた場合<br>④ **子会社の決定事実，発生事実，決算情報など**<br>⑤ **公開買付け等**<br>公開買付け等の実施又は中止に関する事実。 |

| 重要事実の公表 | ① 上場会社等，その子会社又は資産運用会社の代表者等，又はそれらの者から公開の委託を受けた者が，新聞社，放送事業者等2以上の報道機関に対し**重要事実を公開し，公開後12時間が経過した場合。**<br>② 上場会社等が金融商品取引所に重要事実を通知し，公衆の縦覧に供された場合。<br>③ 有価証券届出書，有価証券報告書，半期報告書等に重要事実が記載され，公衆の縦覧に供された場合。 |
|---|---|

**問題** 次の文章について，正しい場合は○へ，正しくない場合は×の方へマークしなさい。

1 内部者取引規制が適用される会社関係者には，以前会社関係者であり，会社関係者でなくなってから1年以上の者も含まれる。

2 内部者取引規制が適用される重要事実には，主要株主の異動は含まれない。

3 内部者取引規制において上場会社が金融商品取引所に重要事実を通知し，公衆の縦覧に供された場合には，重要事実が公表されたと認められる。

4 会社関係者が，上場会社等の業務等に関する重要事実を公表される前にその職務に関して知った場合には，会社関係者でなくなった後1年間は，その間に重要事実が公表された後でも当該上場会社の特定有価証券に係わる売買等をしてはならない。

### 解答・解説

**解答**：1×，2×，3○，4×

**解説**：1は誤り。会社関係者でなくなってから「1年以内の者」。

2は誤り。「主要株主の異動」は重要事実に含まれる。

4は誤り。重要事実が公表されれば，内部者取引とはならない。

# 内部者取引の未然防止

重要度★★★★★

## ▌ 内部者の登録 ・・・・・・・・・・・・・・・・・・・・・・・・

| 内部者登録カード | 上場会社等の特定有価証券等の売買等を初めて行う顧客から，次にあげる**上場会社等の役員等に該当**するか否かにつき届出を求めるとともに，該当する者については，「**内部者登録カード**」を備え付け**なければならない。** |
|---|---|

① 上場会社等の役員（取締役，会計参与，監査役もしくは執行役）

② 上場投資法人等の執行役員又は監査役員

③ 上場投資法人等の資産運用会社の役員

④ 上場会社等の親会社又は主な子会社の役員

⑤ **①，④の役員でなくなった後1年以内の者**

⑥ ①～③に掲げる者の配偶者及び同居者

⑦ 上場会社等の親会社又は主な子会社

⑧ 上場会社等の大株主など

変更の届出があった場合は，遅滞なく内部者登録カードを変更しなければならない。

## ▌ 役員・主要株主売買報告書の内閣総理大臣（金融庁長官）への提出 ・・・

| 売買報告書の提出義務 | 上場会社等の**役員・主要株主**は，自己の計算でその上場会社の発行する特定有価証券等の買付け又は売付け等を行った場合には，**翌月15日までに，その売買等に関する役員・主要株主売買報告書を内閣総理大臣（金融庁長官）に提出しなければならない。** |
|---|---|

**問 題** 次の文章について，正しい場合は○へ，正しくない場合は×の方へマークしなさい。

1 上場会社等の特定有価証券等の売買等を行う顧客が，上場会社等の役員の配偶者又は同居者に該当する場合は，内部者登録カードに記載しなければならない。

2 上場会社等の特定有価証券等の売買等を行う顧客が，上場会社等の役員でなくなった後2年以内の者に該当する場合は，内部者登録カードに記載しなければならない。

3 上場会社等の役員・主要株主が自己の計算でその上場会社等の発行する特定有価証券等の売買等を行った場合には，翌月末までにその売買に関する役員・主要株主売買報告書を内閣総理大臣（金融庁長官）に提出しなければならない。

4 上場会社等の特定有価証券等の売買等を初めて行う顧客が，当該上場会社の役員である場合は，内部者登録カードに登録しなければならないが，当該役員の配偶者である場合は登録の必要はない。

解 答・解 説

解答：1○，2×，3×，4×

解説：2は誤り。役員でなくなった後「2年以内の者」ではなく「1年以内の者」

3は誤り。「売買報告書」の提出は，翌月15日までとなっている。

4は誤り。当該役員の配偶者である場合でも登録しなければならない。

## 5 共通 その他の主な不公正取引規制

重要度★★★★★

### ■ 虚偽の相場の公示等の禁止 ・・・・・・・・・・・・・・・・・・・・・・・・

| 禁 止 事 項 | ① 何人も，**有価証券等の相場を偽って公示**し，又は公示若しくは頒布する目的をもって有価証券等の**相場を偽って記載した文書を作成**し，若しくは頒布してはならない。<br>② 何人も，発行者，有価証券の売出しをする者，特定投資家向け売付け勧誘等をする者，引受人又は金融商品取引業者等の請託を受けて，公示し又は頒布する目的をもってこれらの者の発行，分担又は取扱いに係る有価証券に関し重要な事項について**虚偽の記載をした文書を作成**し，又は頒布してはならない。 |
|---|---|

### ■ 有利買付け等の表示の禁止 ・・・・・・・・・・・・・・・・・・・・・・・・

| 禁 止 事 項 | 新規発行有価証券の取得の申込みの勧誘又は既発行有価証券の売付け又は買付けの申込みの勧誘において，<br>① 不特定多数の者が取得した有価証券を，自己又は他人があらかじめ**特定した価格以上の価格で買い付け又は売り付けることをあっせんする旨を表示すること。**<br>② そのような表示と誤認させるおそれのある表示をすること。 |
|---|---|
| 対象有価証券 | 株券，新株予約権証券，投資信託の受益証券など。 |

### ■ 一定の配当等の表示の禁止 ・・・・・・・・・・・・・・・・・・・・・・・・

| 禁 止 事 項 | 有価証券の不特定多数者向け勧誘等を行う者等は，その勧誘等に際し，当該有価証券に関し一定の期間につき，一定の額以上の金銭の供与（配当等）が行われる旨の表示をしてはならない。ただし，その表示の内容が予想に基づくものである旨を明示して行う表示は認められる。 |
|---|---|
| 対象有価証券 | 株券，新株予約権証券，投資信託の受益証券など。 |

次の文章のうち,「有利買付け等の表示の禁止」及び「一定の配当
等の表示の禁止」に関する記述として正しいものはどれか。正し
い記述に該当するものをイ～ハから選んでいる選択肢の番号を一
つマークしなさい。

イ 既発行有価証券の売付け又は買付けの申込みの勧誘のうち,不特定多
数の者に対して行う場合は,これらの者が取得した有価証券を自己又は
他人があらかじめ特定した価格以上で買付け又は売付けることをあっせ
んする旨の表示をしてはならない。

ロ 有利買付表示の禁止規定は,特定社債券にも適用される。

ハ 有価証券の不特定多数向け勧誘を行う者は,当該有価証券に関し一定
期間につき,一定額以上の配当等が行われる旨の表示をすることは禁止
されているが,表示の内容が予想に基づくものであることを明示して行
う場合は認められる。

(選択肢)

1 イ,ロ及びハすべて正しい。

2 正しいのはイ及びロであり,ハは正しくない。

3 正しいのはイ及びハであり,ロは正しくない。

4 正しいのはロ及びハであり,イは正しくない。

解 答 ・ 解 説

解答:3

解説:ロは誤り。有利買付表示の禁止規定は,国債,地方債,特定社債券,社
債などについては適用が除外される。

# 6

**会員**

# 自己株式取得と金融商品取引法

重要度★★★★

## ▮▮ 自己株式取得の原則自由 ・・・・・・・・・・・・・・・・・・

| 自己株式取得 | 取得した自己株式は，売却・償却等による処分は強制されず，**自由に保有**できる。 |
|---|---|
| 取 得 の 方 法 | ① **株主総会で取得し得る自己株式の授権枠**を決議して，その下で取得する方法。<br>② 定款の授権により，必要に応じて，**取締役会**決議により自己株式を取得する方法。 |

## ▮▮ 自己株式取得と内部者取引規制 ・・・・・・・・・・・・・・・

| 内 部 者 取 引<br>規　　　　制 | 会社関係者などは，自己株式取得が**公表されない限り**，当該会社株式の取得等を行うことができない。 |
|---|---|

## ▮▮ 自己株式取得状況の開示 ・・・・・・・・・・・・・・・・・・

| 開　　　　示 | 上場株式の発行会社は，①株主総会の授権に基づく自己株式取得の場合は株主総会の決議があった月から，②定款授権に基づく自己株式取得の場合は，取締役会の決議があった月から，授権期間が満了する月まで，各月ごとに**自己株券買付状況報告書**を翌月の15日までに**内閣総理大臣（金融庁長官）に提出**しなければならない。 |
|---|---|
| 提　　　　出 | 提出は EDINET（有価証券報告書等の開示書類に関する電子開示システム）により行うこと。 |

## ▮▮ 自己株式取得と公開買付け規制 ・・・・・・・・・・・・・・・

| 注　意　点 | 自己株式取得は，金商法上の公開買付けを利用できる。<br>ただし，公開買付届出書の**提出前に未公表の重要事実**があるとき，又は公開買付けの**期間中に重要事実が生じた**ときは，その公表が必要である。 |
|---|---|

**問 題** 次の文章「自己株式取得に関する記述」のうち，正しいものはどれか。正しいものをイ〜ハから選んでいる選択肢の番号を一つマークしなさい。

イ　自己株式取得につき，定款の授権に基づき取締役会が決議した場合，その決定の事実を知っている会社関係者などは，公表されない限り，当該会社株式の取得等を行うことができない。

ロ　取締役会等により自己株式取得のための議案を株主総会に提出することが決定された場合，その決定の事実を知っている会社関係者などは，その時点以後公表されない限り，当該会社株式の取得等を行うことができない。

ハ　株主総会決議（公表済）後の具体的な自己株式の取得については，会社がその具体的な取得についての決定を公表しなくても，会社関係者は自己株式取得を行うことができる。

（選択肢）
1　正しいのはイ及びロであり，ハは正しくない。
2　正しいのはイ及びハであり，ロは正しくない。
3　正しいのはロ及びハであり，イは正しくない。
4　イ，ロ及びハすべて正しい。

VIII

不公正取引の規制等

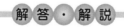

解答・解説

**解答**：1

**解説**：ハは誤り。株主総会決議が公表された後であれば，会社は，「具体的な取得」についての決定を公表しなくても，当該会社による自己株式取得を行うことができる。ただし，会社関係者などは，その対象となっていない（つまり，内部者取引となる）ので注意が必要である。

**7**

会員

# 上場会社役員等の禁止事項

重要度★★★★

## ■ 上場会社役員等の禁止事項と返還請求 ・・・・・・・・・・・・・

| | |
|---|---|
| 内部者取引の防止と公正な取引の確保 | 内部者取引を防止し，取引の公正を確保するため，金商法は，上場会社の役員・主要株主が行う当該上場会社等の特定有価証券等の買付け等・売付け等に関し，**短期売買利益の当該上場等による返還請求権**を規定し，また，上場会社等の役員・主要株主による当該上場会社等の特定有価証券等の**空売り等を制限**している。 |
| 短期売買利益（不当利益）の返還請求 | 上場会社等の役員又は主要株主が，**当該上場会社等の特定有価証券等について，自己の計算においてそれに係る買付け等をした後，6か月以内に売付け等をし，又は，売付け等をした後6か月以内に買付け等をして利益を得たときは，当該上場会社等は，その利益の返還を請求することができる。** |
| 株主の利益返還請求権 | 当該上場会社等の株主（出資者を含む）が，利益返還請求を行うべき旨を上場会社等に**要求した日から60日以内に上場会社等がその請求をしない場合は，その株主は上場会社等に代位して自らその請求をすることができる。**ただし，この返還請求権は，利益取得のあった日から**2年間行使されなかった場合には消滅する。** |
| 適 用 除 外 | ① 単元未満株券のみの買付け又は売付け<br>② 持株会による定時・定額等の条件の下での買付け<br>③ 株式・投資証券累積投資契約に基づく定時・定額等の買付け<br>④ 安定操作取引<br>⑤ 社債（新株予約権付社債を除く）又は投資法人債券の買戻条件付売買<br>⑥ 新株予約権の行使　など |

## ■ 空売りの禁止 ・・・・・・・・・・・・・・・・・・・・・・・・・・・・・・

| 役員・主要株主による空売りの禁止 | 上場企業等の役員・主要株主は，当該上場会社等の未公表の重要な情報を容易に知り得る特別な立場にあり，かかる情報（空売りの場合は株価が下落するような未公表の重要な情報）を利用した空売りは，原則として禁止されている。 |
|---|---|

**問 題** 次の文章について，正しい場合は○へ，正しくない場合は×の方
へマークしなさい。

1　上場会社等の役員又は主要株主が特定有価証券等について，自己の計
算で買付けした後，6か月以内に売付け等をして利益を得たときは，当
該上場会社等はその利益の返還を請求することができる。

2　株主が利益返還請求をすることを当該上場会社に要求した日から30日
以内に上場会社等がその請求をしない場合は，その株主は上場会社等に
代位して自らその請求をすることができる。

3　利益返還請求は，利益の取得があった日から1年間行使されなかった
場合は消滅する。

4　上場会社等の役員による不当利益（短期売買利益）の返還請求は，単
元未満株のみの買付け又は売付けについては適用されない。

## 解 答 ・ 解 説

**解答**：1○，2×，3×，4○

**解説**：2は誤り。<u>利益返還請求を当該上場会社に請求した日から60日以内。</u>

　　　3は誤り。利益の取得のあった日から<u>2年間行使されなかった場合は消</u>
<u>滅する。</u>

# 法人関係情報の管理

重要度★★★★★

■■ 法人関係情報 ・・・・・・・・・・・・・・・・・・・・・・・・・・

| 法人関係情報とは | ① 上場会社等の運営，業務又は財産に関する公表されていない**重要な情報**で，顧客の投資判断に影響を及ぼすと認められるもの。<br>② 公開買付け，又はこれに準ずる株券等の買集め実施又は中止の決定に係る公表されていない情報。 |
|---|---|
| 禁 止 行 為 | 協会員又はその役員若しくは使用人は，法人関係情報を利用した以下の行為は禁止されている。<br>① 法人関係情報を**提供して勧誘**する行為<br>② 法人関係情報に基づいて取引を推奨する行為<br>③ 需要の見込み調査における**適正措置違反**行為<br>④ 法人関係情報を利用した**自己計算による取引** |
| 法人関係情報の 管 理 | 協会員は，法人関係情報の一定の利用や提供が禁止されており，その**必要かつ適切な管理**が求められる。 |
| 不公正取引の未 然 防 止 | 法人関係情報の管理に関し，その情報を利用した不公正取引が行われないよう，法人関係情報を取得した際の手続に関する事項等について規定した**社内規則**を定めなければならない。<br>また情報隔壁などを設置するなどの法人関係情報の伝達に関する管理についても定められている。 |

■■ 実務上の対応 ・・・・・・・・・・・・・・・・・・・・・・・・・

| 管 理 体 制 | ① 法人関係情報の**管理規程**の制定<br>② 法人関係情報管理部署による**一元管理**<br>③ **情報隔壁**（チャイニーズ・ウォール）の設置<br>④ 役職員の自己投資による有価証券売買の制限又は禁止　など |
|---|---|

問題　次の文章「法人関係情報に関する記述」のうち，正しいものはどれか。正しいものをイ〜ハから選んでいる選択肢の番号を一つマークしなさい。

イ　協会員は，法人関係情報を取得した役職員に対し，取得した法人関係情報を直ちに法人関係情報を総括して管理する部署へ報告するなど法人関係情報を取得した際の管理のために必要な手続を定めなければならない。

ロ　顧客に対して有価証券の発行者の法人関係情報を提供して勧誘する行為は認められている。

ハ　協会員は，法人関係部門について，他の部門から物理的に隔離する等，当該法人関係情報が業務上不必要な部門に伝わらないよう管理しなければならない。

（選択肢）

1　正しいのはイ及びロであり，ハは正しくない。

2　正しいのはイ及びハであり，ロは正しくない。

3　正しいのはロ及びハであり，イは正しくない。

4　イ，ロ及びハすべて正しい。

解 答 ・ 解 説

解答：2

解説：ロは誤り。顧客に対して有価証券の発行者の法人関係情報を提供して勧誘する行為は禁止されている。

# 9

**会員**

# 不公正取引防止のための売買管理体制の整備

重要度★★★★★

## ■ 管理体制の整備 ・・・・・・・・・・・・・・・・・・・・・・・・

| | |
|---|---|
| 売買管理体制の整備 | 協会員は，上場株券等の不公正取引を防止するための**売買管理体制を整備**する必要がある。 |
| 社内規定の制定 | 次に掲げる事項について規定すること。<br>① 売買管理の業務を担当する部門並びにその権限及び責任に関する事項<br>② 顧客の売買動向及び売買動機等の的確な把握に関する事項<br>③ 売買管理を行うにあたり参考とすべき情報に関する事項<br>④ 売買審査の対象となる顧客の抽出に関する事項<br>⑤ 顧客に対して行う売買審査に関する事項　など |

## ■ 具体的措置 ・・・・・・・・・・・・・・・・・・・・・・・・・・

| | |
|---|---|
| 顧客の売買動向・動機の把握 | 適時，モニタリング※を行い，顧客の売買動向・売買動機等の的確な把握に努めること。 |
| 売買審査 | 社内規則に基づき作成した基準により売買審査を行った結果，不公正取引につながるおそれがあると認識した場合は，当該取引を行った顧客に対し**注意喚起**を行い，その後も改善が見られない場合には，当該顧客に対して注文の**受託停止その他の適切な措置**を講じなければならない。<br>また，当該顧客の取引が内部者取引のおそれがあると認識した場合には，協会及び証券取引等監視委員会に対し，その売買審査結果及び顧客に対して措置を講じた場合は，**その措置の内容を含め報告**しなければならない。 |
| 社内記録の作成・保存 | 売買審査の結果及び顧客に行った措置などにつき，社内記録を作成し，**5年間**保存しなければならない。 |

※（注）モニタリングとは，顧客の取引商品，取引手法，取引形態，投資意向及び投資経験等に関する調査のこと。

**問　題**　次の文章のうち，「不公正取引防止のための売買管理体制の整備」に関する記述のうち，正しいものはどれか。正しい記述に該当するものをイ～ハから選んでいる選択肢の番号を一つマークしなさい。

イ　適時，モニタリングを行い，顧客の売買動向・売買動機等の的確な把握に努めなければならない。

ロ　社内規則に基づき作成した審査基準により売買審査を行った結果，不公正取引につながるおそれがあると認識した場合は，ただちに当該顧客に対して注文の受託の停止その他の適切な処置を講じなければならない。

ハ　売買審査の結果及び顧客に行った措置などにつき，社内記録を作成し，3年間保存しなければならない。

（選択肢）

1　正しいのはイ及びロであり，ハは正しくない。

2　正しいのはイ及びハであり，ロは正しくない。

3　正しいのはロ及びハであり，イは正しくない。

4　正しいのはイのみであり，ロ及びハは正しくない。

解 答 ・ 解 説

**解答**：4

**解説**：ロは誤り。不公正取引につながるおそれがあると認識した場合は，まず，注意喚起を行い，その後も改善が見られない場合には，当該顧客に対して注文の受託の停止その他の適切な措置を講じなければならない。ハは誤り。保存期間は5年間。

# 10 会員 公開買付け規制

重要度★★★★

## ■ 公開買付け

| 公開買付けとは | 公開買付けは，次の二つに分類できる。<br>① **発行者以外の者による株券等の公開買付け**。<br>② **発行者による上場株券等の公開買付け**（自己株式取得に係わる公開買付け）。<br>①は発行者以外の者が不特定かつ多数の者に対し，公告により株券等の買付け等の申込み又は売付け等の申込みの勧誘を行い，**取引所金融商品市場外で株券等**※**の買付け等を行うこと**。 |
|---|---|

## ■ 公開買付けが義務付けられる場合（発行者以外の者による場合）

| 発行者以外の者による買付け | 発行者以外の者による買付け等で次のいずれかに該当する場合は，公開買付けによらなければならない。<br>① 取引所金融商品市場外における買付け等の後に，**株券等所有割合が5％超となる場合**のその買付け等（著しく少数の者から買付け等を行う場合は除く）。<br>② 取引所金融商品市場外における著しく少数の者から買付け等を行った後に，株券等所有割合が3分の1超となる場合のその買付け等。など |
|---|---|

## ■ 公開買付け期間中の別途買付け禁止（発行者以外の者による場合）

| 別途買付けの禁止 | 公開買付者等が，公開買付期間中に，**公開買付けによらないで公開買付対象会社の株券等の買付けを行うこと（別途買付け）は，取引所金融商品市場経由のものであっても原則として禁止されている**。 |
|---|---|

**問 題** 次の文章のうち、「公開買付け規制」に関する記述として正しいものはどれか。正しい記述に該当するものをイ〜ハから選んでいる選択肢の番号を一つマークしなさい。

イ 公開買付けには、発行者による上場株券等の買付けが含まれる。

ロ 発行者以外の者による株券等の買付けで、取引所金融商品市場外における買付け後の株券等所有割合が10%超となる場合のその買付けは、公開買付けによらなければならない。

ハ 公開買付期間中に、公開買付者が公開買付対象会社の株券等を別途買付けることは禁止規定に該当しない。

（選択肢）

1 正しいのはイのみであり、ロ及びハは正しくない。

2 正しいのはロのみであり、イ及びハは正しくない。

3 正しいのはハのみであり、イ及びロは正しくない。

4 イ、ロ及びハすべて正しい。

解 答 ・ 解 説

**解答**：1

**解説**：ロは誤り。買付け後の株券等所有割合が5％超となる場合のその買付けは、公開買付けによらなければならない。

ハは誤り。公開買付中に、公開買付けによらないで公開買付対象会社の株券等の買付けを行うこと（別途買付け）は原則として禁止されている。

## 11

**会員**

# 株券等の大量保有の状況に関する開示（5%ルール）

重要度★★★★★

---

### ■ 大量保有状況の開示 ・・・・・・・・・・・・・・

| | |
|---|---|
| 大量保有報告の意味 | 会社支配権の存在にかかわる株式の所有者や各所有者の所有割合に関する情報は，投資家の投資判断に影響を与える重要な情報である。 |
| 大量保有報告書の提出 | 上場会社等が発行する株券等の保有者は，**その保有割合が発行済み株式総数等の5％超に当たる場合**，内閣総理大臣（金融庁長官）へ電磁的方法によって「**大量保有報告書**」を提出しなければならない。 |

### ■ 5％ルールの概要 ・・・・・・・・・・・・・・・

| | |
|---|---|
| 対象となる有価証券 | ① 上場会社の株券（無議決権株式等は除く）<br>② 新株予約権証券，新株予約権付社債券<br>③ 上場投資証券及び新投資口予約権証券等（会社型投資信託の証券）<br>④ 一定のカバードワラントなど |
| 報告基準 | **株券等の保有割合が5％を超えることとなった者（大量保有者）**<br>株券等の保有割合は「保有株券等の総数÷発行済み株式総数」で算出する。 |
| 報告義務者 | 株券等の**実質的な保有者**である。 |
| 変更報告書の提出 | 次の場合は「変更報告書」を提出しなければならない。<br>① 株券等の保有割合が1％以上増加又は減少した場合<br>② 大量保有報告書に記載すべき重要事項につき変更があった場合 |
| 提出期限 | 大量保有者となった日又は報告書の提出義務が生ずる**変更のあった日から5日（日曜日その他政令で定める休日の日数は算入しない）以内に提出しなければならない。**<br>報告書の提出は，「**EDINET**」（電子開示システム）により行わなければならない。 |
| 公衆の縦覧 | 提出された報告書及び報告書の写しは，**5年間公衆の縦覧に供される。** |

**問 題** 次の文章について，正しい場合は○へ，正しくない場合は×の方
へマークしなさい。

1 大量保有報告書の対象になる有価証券の範囲には，上場会社の株券の
うち無議決権株が含まれる。

2 大量保有報告書の報告義務者は，上場会社等の発行会社である。

3 大量保有報告書は，5％超の株券等の実質的な保有者が内閣総理大臣
（金融庁長官）に提出しなければならない。

4 大量保有報告書は，当初提出していれば，その後に当該保有者の保有
割合に変化が生じた場合でも，その移動状況に関する報告は一切不要で
ある。

5 提出された大量保有報告書は，5年間公衆の縦覧に供される。

6 新株予約権証券，新株予約権付社債券等の潜在株式などは，5％ルー
ルの対象とならない。

解 答 ・ 解 説

**解答**：1×，2×，3○，4×，5○，6×

**解説**：1は誤り。無議決権株は，報告対象有価証券から除外される。

2は誤り。報告義務者は，5％超の株券等の実質的な保有者。

4は誤り。株券保有割合に1％以上の増減があった場合には，「変更報
告書」を提出しなければならない。

6は誤り。これらの潜在株式は，株式数に換算して保有分を計算され
る。

# IX その他内部管理に関する事項

## 1

共通

# 顧客管理態勢と営業員管理態勢

重要度★★★★★

## ■ 顧客管理態勢 ・・・・・・・・・・・・・・・・・・・・・・・・・・・・

| 顧客属性等の把握 | ① **顧客カード**等については，顧客の投資目的・意向を十分に確認して作成し，顧客の投資目的・意向を**協会員と顧客の双方で共有**すること。<br>② 元本の安全性を重視する顧客に対し，通貨選択型ファンドなどのリスクの高い商品を販売する場合には，管理職による承認制とするなど慎重な販売管理を行うこと。<br>③ 内部管理部門では，必要に応じて，顧客属性等に照らして適切な勧誘が行われているか等について**検証を行う**など，顧客情報の管理方法の実効性を確保する態勢構築に努めること。 |
|---|---|
| 顧客の取引実態の把握 | ① 顧客の取引実態把握については，**顧客口座ごとの売買損，評価損，取引回数，手数料の状況等の取引状況を，顧客の取引実態の把握の参考とすること。**<br>② 取引実態の把握において，取引内容を直接顧客に確認する必要があると判断した顧客については，**各営業部門における管理責任者等による顧客面談等を適時・適切に実施し，取引実態の的確な把握に努めること。**<br>③ 内部管理部門では，各営業部門における管理責任者等が行う顧客面談等に係る具体的な方法を定め，その方法を役職員に周知徹底するとともに**顧客面談等の状況を把握，検証**し，その方法の見直し等，その実効性を確保する態勢を構築するよう努めること。 |

## ■ 営業員管理態勢 ・・・・・・・・・・・・・・・・・・・・・・・・・・

| 勧誘実態の把握 | ① 勧誘実態の把握について，各営業部門における管理責任者等は，**必要に応じて顧客と直接面談を行う**ことにより，その実態の把握に努め，適切な措置を講じること。<br>② 特定投資家向け有価証券の取扱いにあたっては，特定投資家の範囲に中小法人等が含まれていることに鑑み，金商法に規定する**告知又は書面交付**について過不足のない対応が行われているかな |
|---|---|

ど，その実態の把握に努め，適切な措置を講じること。

③　内部管理部門では，勧誘実態等の把握に係る具体的な方法を定め，その方法を役職員に周知徹底するとともに，必要に応じて，その状況を把握・検証し，当該方法の見直し等，その実効性を確保する態勢を構築すること。

## ■ 役職員の法令遵守 ・・・・・・・・・・・・・・・・・・・・・・・・・・

意識の徹底

①　役職員の法令等遵守意識の徹底について，研修の目的及び対象者等を考慮した事例研修及び外部研修等を実施し，役職員の法令等遵守意識の向上を図ること。

②　内部管理部門では，研修の内容及び実施状況を把握・検証し，内容等を見直しする等，その実効性を高める措置を講ずること。

**問 題**　次の文章について，正しい場合は○へ，正しくない場合は×の方へマークしなさい。

1　顧客の取引実態の把握について，その内容を直接顧客に確認する必要がある場合，担当者による顧客面談等を適時・適切に実施し，その実態の的確な把握に努めなければならない。

2　営業員の勧誘の実態把握については，各営業部門の管理責任者等が必要に応じて顧客と直接面談等を行うことにより，その実態把握に努め，適切な措置を講じなければならない。

3　内部管理部門は，営業員の投資勧誘の実態把握のための具体的な方法を定め，その方法を役職員に周知徹底しなければならない。

### 解 答 ・ 解 説

解答：1 ×，2 ○，3 ○

解説：1は誤り。顧客との面談は，<u>各営業部門における管理責任者が行うこと。</u>

# 顧客との紛争処理

重要度★★★★

## ■ 顧客との紛争処理 ・・・・・・・・・・・・・・・・・・・・・・・

| 報　　　告 | 有価証券の売買その他の取引に関して，顧客から苦情の申し出があったときは，担当営業員は直ちにその旨を**部店長又は内部管理責任者に報告**し，その指示に従わなければならない。 |
| --- | --- |
| 調査と原因の確　　　認 | 部店長又は内部管理責任者は，当該顧客との取引状況等の事実関係を直ちに調査し，苦情の原因が何であるかを**確認**する必要がある。 |
| 事故確認申請 | 顧客との紛争が協会員又は役職員の違法又は不適切な行為（事故）に起因するものであることが判明した場合であっても，**直ちに顧客に損害を賠償してはならない。顧客の損失を補塡する行為は，金融商品取引法上原則として禁止されている**ためである。<br>事故に起因する顧客の損失について補塡するためには**「事故確認申請」**を行う必要がある。<br>ただし，一定の場合には，事故確認手続は不要である。 |

（注）「一定の場合」については，後述の「4.事故の報告」の「財務局長による事故の確認」を参照のこと。

**問 題** 次の文章のうち,「顧客との紛争処理」に関する記述として正しいものはどれか,正しい記述をイ～ハから選んでいる選択肢の番号を一つマークしなさい。

イ 顧客から,有価証券の売買その他の取引に関して苦情の申し出があった場合には,営業員は直ちにその旨を部店長又は内部管理責任者に報告し,その指示に従わなければならない。

ロ 顧客から,有価証券の売買その他の取引に関して苦情の申し出があった場合には,部店長又は内部管理責任者は,当該顧客との取引状況等の事実関係を直ちに調査し,苦情の原因が何であるかを確認する必要がある。

ハ 顧客との紛争が協会員又はその役職員の違法又は不適切な行為(事故)によるものであることが判明した場合には,直ちに顧客に損害を賠償しなければならない。

(選択肢)

1 正しいのはイ及びロであり,ハは正しくない。

2 正しいのはイ及びハであり,ロは正しくない。

3 正しいのはロ及びハであり,イは正しくない。

4 イ,ロ及びハすべて正しい。

解 答 ・ 解 説

解答:1

解説:ハは誤り。顧客に損失補塡を行うことは,金融商品取引法で原則として禁止されている。事故による損失補塡には,「事故確認申請」を行う必要がある。

## 3 共通 金融 ADR 制度

重要度★★★★

### ■ 裁判外紛争解決制度 ・・・・・・・・・・・・・・・・・

| 指定紛争解決機関（FINMAC） | 金融分野における苦情処理・紛争解決の枠組みとして**金融 ADR 制度**（= Alternative Dispute Resolution・**裁判外紛争解決制度**）が横断的に整備されている。<br>① 「特定非営利活動法人証券・金融商品あっせん相談センター」（**FINMAC**：Financial Instruments Mediation Assistance Center）が**指定紛争解決機関**として指定されている。<br>② 第一種金融商品取引業者は，**FINMAC と手続実施基本契約を締結したうえで，FINMAC を利用することが義務付けられている。** |
|---|---|

### ■ FINMAC による苦情処理対応 ・・・・・・・・・・・・・・・

| 苦情処理対応の流れ | ① **FINMAC は，顧客から協会員の業務に関する相談・苦情を受け付ける。**<br>② 顧客が FINMAC に苦情を申し立て，協会員への苦情の取次ぎを依頼された場合は，FINMAC から協会員へ当該苦情を取次ぎ，調査等の要請がなされる。<br>③ 協会員は，資料等の提出，調査結果の報告を FINMAC に行ったうえで，協会員自ら，あるいは FINMAC から顧客に対して苦情解決策の説明，助言等が行われる。<br>④ 顧客が協会員あるいは FINMAC との間の話し合いに納得が得られない場合には，顧客の意向により，あっせん手続又は訴訟手続等に移行されることもある。 |
|---|---|

### ■ 苦情処理対応では解決に至らなかった場合 ・・・・・・・・・・・

| 紛争解決手続きの流れ | ① 顧客等からあっせんの申立てがなされた場合，紛争解決委員は当該申立てを受理する。この場合 FINMAC から顧客及び協会員の双方に対してあっせん申立て受理の通知が行われる。 |
|---|---|

| | |
|---|---|
| | ② 協会員は，紛争解決委員があっせん手続を行わないことが適当であると判断した場合等を除き，あっせんに参加しなければならず，かかる申立てに対する答弁書等を作成しFINMACに提出しなければならないなど，あっせん手続に応諾する義務を負っている。 |
| 紛争解決手続きの終了 | ① 和解が成立した場合。<br>② 和解成立の見込みがなく，紛争解決委員があっせん手続を打ち切った場合。<br>③ あっせんの申立ての取下げがあった場合。など |

**問 題** 次の文章のうち，「金融ADR制度」に関する記述として正しいものはどれか。正しい記述をイ〜ハから選んでいる選択肢の番号を一つマークしなさい。

イ 特定第一種金融商品取引業務に関する苦情処理手続及び紛争解決手続については，特定非営利活動法人証券・金融商品あっせん相談センター（FINMAC）が指定紛争解決機関として指定されている。

ロ 第一種金融商品取引業者は，FINMACと手続実施基本契約を締結したうえで，FINMACを利用することが義務付けられている。

ハ 協会員は，紛争解決員があっせん手続を行わないことが適当であると判断した場合を除き，あっせんに参加しなければならない。

（選択肢）

1 正しいのはイ及びロであり，ハは正しくない。

2 正しいのはイ及びハであり，ロは正しくない。

3 正しいのはロ及びハであり，イは正しくない。

4 イ，ロ及びハすべて正しい。

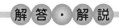
解 答 ・ 解 説

解答：4

## 事故の報告

共通

重要度★★★★

### ■ 日本証券業協会への事故届出 ・・・・・・・・・・・・・・・・

| 会社事故報告（会社行為） | 協会員は，協会員として遵守すべき法令等に違反する行為が行われていた事実を認識したときは，遅滞なく，所定の様式による**「報告書」を協会に提出しなければならない。** |
|---|---|
| 事故連絡（役職員行為一第一報報告） | 協会員は，役職員又は役職員であった者に従業員規則及び外務員規則に定める禁止行為又は遵守すべき法令等に違反する行為，若しくは不適切行為のあったことが判明した場合，当該不適切行為が過失による場合を除き，**直ちにその内容を記載した「事故連絡書」を協会に提出しなければならない。** |
| 事故顛末報告（役職員行為一詳細報告） | 協会員は，事故（不適切行為が過失の場合を除く）の詳細が判明したときは，当該役職員について当該事故の内容等に応じた適正な処分を行い，**遅滞なく，その顛末を記載した「事故顛末報告書」を協会に提出しなければならない。** |

### ■ 財務局長への事故届出 ・・・・・・・・・・・・・・・・・・・

| 事故届出 | 協会員は，その役職員に法令等に反する行為（過失による場合は除く）のあったことを知った場合は，遅滞なく，その旨を金融庁長官（財務局長）に届け出なければならない。 |
|---|---|

### ■ 財務局長による事故の確認 ・・・・・・・・・・・・・・・・・

| 原　則 | 協会員は，有価証券売買取引等について生じた顧客の損失を補塡することが**禁止**されている。 |
|---|---|
| 補塡義務 | 協会員又はその役員若しくは使用人の違法又は不当な行為により顧客に損失が発生した場合，**協会員に損失を補塡する義務**が生ずる。 |

| 財務局長の確認 | **協会員が損失補填を行える**のは，協会員が，あらかじめ，補填に係る損失が事故に起因（下記）するものであることにつき**財務局長の確認**を受けている場合である。<br>① **未確認売買**（顧客の注文内容について確認しないで当該顧客の計算により有価証券売買取引等を行うこと）<br>② **誤認勧誘**（顧客を誤認させるような勧誘を行うこと）<br>③ **事務処理ミス**<br>④ **システム障害**など |
|---|---|
| 確認不要の場合 | **財務局長の確認が不要な場合**<br>① 裁判所の確定判決を得ている場合<br>② 裁判上の和解が成立している場合<br>③ 民事調停法による調停が成立している場合<br>④ 金融商品取引業協会若しくは認定投資者保護団体のあっせん又は指定紛争解決機関の紛争解決手続による和解が成立している場合　など |

## ■■ 事故確認委員会による事故の確認 ・・・・・・・・・・・・・・・・・・・

| 事故調査確認申請書を提出 | 協会員は，協会の事故確認委員会の確認を受けるため，**事故調査確認申請書を提出**しなければならない。同委員会は，同申請書に記載された顧客に対する支払が事故による損失を補填するために行われるものであるかどうかを調査及び確認を行い，協会員に回答する。 |
|---|---|
| 事故確認委員会の確認 | 顧客に対する協会員の支払額が1,000万円を超える場合には，**財務局長による確認**を受けなければならない。この場合，協会員は，協会を通じて事故確認申請書を提出する。協会による審査を通過した事故確認申請書は財務局長に提出される。財務局長による確認結果は，協会を通じて協会員に通知される。 |

次の文章について，正しい場合は○へ，正しくない場合は×の方
　　　　ヘマークしなさい。

1　協会員は，役職員又は役職員であった者に，従業員規則及び外務員規
　則に定める禁止行為又は遵守すべき法令等の違反若しくは不適切行為の
　あったことが判明した場合には，不適切行為が過失による場合でも，直
　ちにその内容を記載した事故連絡書を協会に提出しなければならない。

2　協会員は，役職員に法令又は諸規則に違反する行為（過失による場合
　を除く）があったことを知った場合は，遅滞なく，その旨を金融庁長官
　（財務局長）に届け出なければならない。

3　協会員は，事故（過失による場合を除く）の詳細が判明したときは，
　当該役職員について事故内容に応じた適正な処分を行い，遅滞なく，そ
　の顛末を記載した事故連絡書を協会に提出しなければならない。

解 答 ・ 解 説

問題1　解答：1×，2○，3×

　　　解説：1は誤り。不適切行為が過失による場合は，事故連絡書の提
　　　　　　出は必要ない。

　　　　　　3は誤り。事故連絡書ではなく「事故顛末報告書」を提出し
　　　　　　なければならない。

**問題2** 次の文章のうち,「事故」に関する記述として正しいものはどれか。正しいものをイ〜ハから選んでいる選択肢の番号を一つマークしなさい。

イ 協会員が損失補填を行えるのは,協会員が,あらかじめ,補填に係る損失が事故に起因するものであることにつき協会員自身が確認した場合に限られる。

ロ 補填に係る損失が事故に起因するものとは,未確認売買(顧客の注文内容について確認しないで当該顧客の計算により有価証券売買取引等を行うこと),誤認勧誘,事務処理ミス,システム障害などを指す。

ハ 協会員は,有価証券売買取引等について生じた顧客の損失を補填することは原則として禁止されている。

(選択肢)

1 正しいのはイ及びロであり,ハは正しくない。

2 正しいのはイ及びハであり,ロは正しくない。

3 正しいのはロ及びハであり,イは正しくない。

4 イ,ロ及びハすべて正しい。

**問題2** 解答:3

解説:イは誤り。協会員自身が確認するのではなく,<u>財務局長の確認</u>を受けている場合である。

IX

その他内部管理に関する事項

# 訴訟と民事調停

共通

重要度★★★

## 裁判所を利用した解決 ・・・・・・・・・・・・・・・・・・・・・・・

| 国家による 強 制 力 | 民事訴訟や民事調停の方法により紛争が解決された場合，その結果は国家による**強制力**により担保される。 |
|---|---|

## 民事訴訟 ・・・・・・・・・・・・・・・・・・・・・・・・・・・・

| 訴 訟 | 紛争当事者が互いの主張を譲らないような場合，紛争の解決は訴訟によるしかない。訴訟は，当事者の一方が**裁判所に訴状を提出**することによって提起される。 |
|---|---|
| 判 決 | 裁判所は訴状等を基に事実認定したうえで法令を適用し，**判決を下す**。当事者は判決に不服があるときは，**上訴できる**。 |
| 強 制 執 行 | 確定した判決の内容を実現するために**強制執行することができる**。 |

## 民事調停 ・・・・・・・・・・・・・・・・・・・・・・・・・・・・

| 調 停 | 紛争当事者の一方が**調停申立書を裁判所に提出**することによって，調停が開始される。調停は調停委員会が行う。 |
|---|---|
| 合 意 | 調停の場で**当事者が合意**すれば調停が成立し，合意の内容は確定判決と同一の効力を持つ。 |

　次の記述のうち，正しいものはどれか。正しいものをイ～ハから

選んでいる選択肢の番号を一つマークしなさい。

イ　民事訴訟や民事調停の方法により紛争が解決された場合，その結果は

国家による強制力により担保される。

ロ　紛争の当事者の一方が調停申立書を裁判所に提出することによって，

調停が開始される。調停の場で当事者が合意すれば，調停が成立し，合

意の内容は確定判決と同一の効力を持つ。

ハ　確定した判決の内容について，強制執行されることはない。

（選択肢）

1　正しいものはイ及びロであり，ハは正しくない。

2　正しいものはイ及びハであり，ロは正しくない。

3　正しいものはロ及びハであり，イは正しくない。

4　イ，ロ及びハすべて正しい。

IX

その他内部管理に関する事項

解答：1

解説：ハは誤り。強制執行することができる。

# 6

# 協会員の守秘義務／人事異動等に伴う引継管理

重要度★★★★★

## ■ 協会員の守秘義務 ・・・・・・・・・・・・・・・・・・・・・・・・

| 守秘義務 | 役職員は，職務上知り得た秘密を漏洩してはならない。また，法令に基づく場合等の例外に該当するときを除き，あらかじめ本人の同意を得ないで個人データを第三者に提供してはならない。 |
|---|---|

## ■ 公的機関からの照会等への対応 ・・・・・・・・・・・・・・・・・・

| 公的機関からの照会 | 裁判所，検察，警察，国税庁及び税務署等の公的機関は，法令に基づき協会員に対して照会等を行うことができる。<br>しかし，このような公的機関からの照会であっても，**無条件に応じて顧客の情報を提供した場合は，守秘義務に反するおそれがある**ので，慎重に対応する必要がある。 |
|---|---|

## ■ 人事異動に伴う引継管理 ・・・・・・・・・・・・・・・・・・・・・

| 要旨 | 引継事務の目的は，①後任者のスムーズな業務遂行　②不正行為の牽制・発見にある。そのため引継体制の確立とともに，**管理者は，引継事項の漏れやイレギュラーな取扱いに特に注意を払う必要がある。** |
|---|---|
| 顧客の引継ぎと確認 | 顧客の属性や資金性格，投資方針，過去の取引状況，現在の預り内容等について十分に引継を行うことが必要である。新旧営業担当者は，引継月日，引継方法，引継相手，顧客の申出事項について，**管理者の確認を受ける。** |
| 残高照合の実施 | **すべて残高照合を実施し，顧客の認識との不整合が生じないよう適切な処理を行うこと。**<br>営業員が退職する場合は，異動に伴う引継管理を準用する。 |

　次の文章について，正しい場合は○へ，正しくない場合は×の方
　　　　へマークしなさい。

1　裁判所，国税庁，税務署等の公的機関は法令に基づき協会員に対して
　照会を行うことができる。このため，公的機関からの照会については，
　直ちに顧客の情報を提供する必要がある。

2　引継事務の目的は，①後任者のスムーズな業務遂行，②不正行為の牽
　制・発見にある。そのために，引継体制の確立とともに，管理者は引継
　事項の漏れやイレギュラーな取扱いに特に注意を払う必要がある。

3　顧客の引継を行うにあたって，新旧営業担当者は，引継月日，引継方
　法，引継相手，顧客の申出事項等について，十分に引継を行う必要があ
　る。

4　協会員は，その役職員が職務上知り得た秘密を漏洩することのないよ
　うにしなければならない。

解　答　・　解　説

**解答**：1×，2○，3×，4○

**解説**：1は誤り。公的機関からの照会であっても，無条件に応じて顧客情報を
　　　　提供した場合は，守秘義務に反するおそれがあるため，慎重に対応する
　　　　必要がある。
　　　　　3は誤り。顧客の引継については，引継月日，方法，相手，顧客の申し
　　　　出事項等について，管理者の確認を受ける必要がある。

**IX**

その他内部管理に関する事項

# 7

# 公共法人・公益法人との取引の管理

重要度★★★★★

## ■ 資金の運用 ・・・・・・・・・・・・・・・・・・・・・・・・・・

| 制　　　　限 | 公的資金，公共法人及び公益法人は，その業務や資金の公共性から一般事業会社と異なり，その資金の運用に関して法令により一定の制限が設けられている。 |
|---|---|
| 投 資 勧 誘 | 協会員及びその役職員は，このような法人に投資勧誘を行う場合には，当該法人の資産運用規制を十分に踏まえて行うよう努めること。 |

## ■ 法人の種類 ・・・・・・・・・・・・・・・・・・・・・・・・・・

| 公 的 資 金 | 国民年金，厚生年金等。 |
|---|---|
| 公 共 法 人 | 地方公共団体，公社，公団，公庫，事業団など。 |
| 公 益 法 人 | 祭祀，宗教，慈善，学術等の公益事業を行うことを目的に主務大臣の許可を受けて設立される法人（財団法人，社団法人の2種類がある）。<br>宗教法人，学校法人，医療法人，社会福祉法人については，公益法人の一種として特別法が設けられている。 |

　次の記述のうち，正しいものはどれか。正しいものをイ～ハから
　　　　　　選んでいる選択肢の番号を一つマークしなさい。

イ　協会員及びその役職員は，公共法人や公益法人等に投資勧誘を行う場
　合には，当該法人の資産運用規制を十分に踏まえて行うよう努めるこ
　と。

ロ　公共法人や公益法人等については，その資金の運用に関して法令によ
　り一定の制限が設けられている。

ハ　宗教法人，学校法人，医療法人，社会福祉法人については，公益法人
　の一種として特別法が設けられている。


（選択肢）

1　正しいものはイ及びロであり，ハは正しくない。

2　正しいものはイ及びハであり，ロは正しくない。

3　正しいものはロ及びハであり，イは正しくない。

4　イ，ロ及びハすべて正しい。

解　答　・　解　説

解答：4

解説：すべて正しい。

# 会員用・総合練習問題

〔内部管理・法令遵守態勢の重要性〕

**問1** 内部管理責任者は，支店等の営業単位における投資勧誘等の営業活動や顧客管理に関して重大な事案が発生した場合には，速やかにその内容を営業責任者に報告し，その指示を受けなければならない。

**問2** 協会員は，社内の内部管理や法令等遵守のしくみが本当の意味で機能しているのか，営業部門の活動状況を的確に把握し，期待されているチェック機能を十分に果たしているのかについて，常時その有効性を検証し，必要に応じて改善する態勢を整えていくことが重要である。

〔協会役職員の職業倫理〕

**問3** 協会員は，有価証券の売買その他の取引等について，協会が別に示す内容を含む倫理規範又は同趣旨の規定（倫理コード）を保有する必要がある。この倫理コードは，変更した場合のみ協会に提出しなければならない。

〔顧客口座の開設〕

**問4** 協会員は，口座名義人の配偶者から注文がなされた場合，その注文は，明らかに仮名取引に該当するため，その注文を受託することはできない。

**問5** 特定投資家との取引についても，契約締結前交付書面の交付が義務付けられている。

〔投資勧誘の管理〕

**問6** 「証券金融会社が貸株利用等に関する注意喚起通知を行った銘柄」について，信用取引を受託する場合には，その顧客に対し当該措置が行われて

いる旨及びその内容を説明しなければならない。

問7　NISA口座では，非課税投資枠まで有価証券の買付けを行うことができ，NISA口座で保有している有価証券を売却すると，その非課税枠を再利用できる。

問8　協会員は，顧客との間で「短期間」に公社債の売買を行い，かつ，顧客に「相当の利益」が発生している取引については，「異常な取引」に該当する可能性があることに留意しなければならない。

〔顧客注文の受託の管理〕

問9　協会員は，新規顧客，大口取引顧客等からの注文の受託に際して，事前に当該顧客から買付代金又は売付有価証券の全部又は一部の預託を受ける必要はない。

問10　元引受契約を締結する金融商品取引業者として有価証券届出書に記載された協会員は，自己の計算で安定操作取引を行うことはできない。

問11　信用取引は本来，市場に仮需給を導入し，価格形成の円滑化に寄与する機能を有するとされているが，市場における信用取引の比重が過度となった場合，逆に市場機能そのものが阻害されるおそれが生じ，市場運営に支障をきたすことにもなりかねない。

〔受渡し・保管等の管理〕

問12　信用取引の委託保証金として差し入れることができる金銭は，円貨又は米ドルである。なお，米ドルにより差し入れられる委託保証金額は，取引参加者が指定する外国為替相場により円貨に換算した額とされる。

問13　有価証券の分別管理の方法として，単純保管と混蔵保管の方法があるが，いずれの場合も第三者において保管させることはできない。

**問14** MMF等のキャッシングの場合，貸付が行われる期間は，キャッシングが行われた日から翌営業日までの間である。

**問15** 所定の証書に押捺された印影と届出印鑑が相違ないものと認め，保護預り証券の返還・金銭の支払をした結果，顧客に生じた損害について，協会員はその責任を負わなければならない。

**問16** 顧客の死亡を何らかの手段で知り得たときは，相続の手続が終了するまで，その口座の有価証券等の売買，返却及び金銭の支払等に応じてはならない。

## 〔協会員と役職員の規制〕

**問17** 協会員又はその役職員が，顧客に対して特別の利益提供を約束する行為は禁止されているが，自らではなく第三者をして特別の利益提供を約束させることは，禁止行為に該当しない。

**問18** 協会員は，法人関係情報に基づいて，自己の計算による有価証券その他の取引を行うことは禁止されている。しかし，法人関係情報を顧客に提供して有価証券の売買等を勧誘することは禁止行為に該当しない。

**問19** 有価証券の引受人となった協会員は，その有価証券を売却する場合，引受人となった日から3か月を経過する日までは，その買主に対して買入代金の貸付その他の信用の供与をしてはならない。

**問20** トリガー方式のもとで空売りの価格制限が課せられている場合には，金融商品取引所が直近に公表した「直近公表価格」以下の価格で空売りを行ってはならない。ただし，直近公表価格がその直前の異なる価格を上回る場合には直近公表価格で空売りを行うことができる。

**問21** 店頭デリバティブ取引，商品関連市場デリバティブ取引等の契約につ

き，その勧誘に先立って，顧客に対し，その勧誘を受ける意思の有無を確認することをしないで勧誘をする行為，又は勧誘を受けた顧客が当該契約をしない旨の意思を表示したにもかかわらず，当該勧誘を継続する行為を行ってはならない。

## 〔不公正取引の規制〕

**問22** 株券等保有割合が３％を超えることとなった者は，所定の様式により内閣総理大臣（金融庁長官）に大量保有報告書を提出しなければならない。

**問23** 会社関係者などで，上場会社等の業務等に関する重要事実を知った者は，重要事実が公表される前に，その上場会社等の特定有価証券等に係る売買等を行ってはならない。

## 〔その他内部管理に関する事項〕

**問24** 協会員及びその役職員は，「公的資金」,「公共法人」及び「公益法人」に投資勧誘を行う場合には，当該法人の資産運用規制を十分に踏まえて行うよう努めなければならない。

**問25** 特定第一種金融商品取引業務に関する苦情処理手続及び紛争解決手続については，特定非営利活動法人証券・金融商品あっせん相談センター（FINMAC）が指定紛争解決機関として指定されている。

---

問26から問50については，各問の指示に従って解答しなさい。

---

## 〔内部管理・法令遵守態勢の重要性〕

**問26** 次の文章のうち，内部管理態勢に関する記述として正しいものはどれか。正しい記述をイ〜ハから選んでいる選択肢の番号を一つマークしなさい。

イ　内部管理統括責任者は，投資勧誘等の営業活動や顧客管理に関し重大
　　な事案が生じた場合は，速やかにその内容を取締役社長等に報告しなけ
　　ればならない。

ロ　内部管理責任者規則は，支店等の営業単位ごとに内部管理業務の管理
　　職者を「内部管理責任者」に任命すべきことを定めている。また，内部
　　管理責任者と営業責任者は兼務することができる。

ハ　営業責任者は，営業単位における投資勧誘等の営業活動や顧客管理に
　　関して重大な事案が生じた場合，速やかにその内容を内部管理責任者に
　　報告し，その指示を受けなければならない。

（選択肢）

1　正しいのはイ及びロであり，ハは正しくない。

2　正しいのはイ及びハであり，ロは正しくない。

3　正しいのはロ及びハであり，イは正しくない。

4　正しいのはイのみであり，ロ及びハは正しくない。

**問27**　IOSCO の行為規範原則に関する記述のうち，正しいものはどれか。正
しいものをイ～ハから選んでいる選択肢の番号を一つマークしなさい。

イ　業者は，その業務にあたっては，顧客の最大の利益及び市場の健全性
　　を図るべく，誠実かつ公正に行動しなければならない。

ロ　業者は，利益相反が回避できないおそれのある場合においても，相当
　　の技術，配慮及び注意をもって行動しなければならない。

ハ　業者は，サービスの提供にあたっては，顧客の資産状況，投資経験及
　　び投資目的を把握するよう努めなければならない。

（選択肢）

1　正しいのはイ及びロであり，ハは正しくない。

2　正しいのはイ及びハであり，ロは正しくない。

3　正しいのはイのみであり，ロ及びハは正しくない。

4　イ，ロ及びハすべて正しい。

〔役職員の職業倫理〕

問28　次の文章のうち,「倫理コード」に関する記述として正しいものはどれか。正しい記述をイ～ハから選んでいる選択肢の番号を一つマークしなさい。

　　イ　協会員は,有価証券の売買その他の取引等について,協会が別に示す内容を含む倫理規定を保有しなければならない。

　　ロ　協会員は,協会から重大な事案に係る説明を求められた場合には,法令等に反しない範囲で速やかに説明しなければならない。

　　ハ　協会員は,法令及び規則等に定めのないものの,倫理コードに照らして望ましくないと判断する事案については,協会に自主的に報告することとされている。

　　（選択肢）

　　　　1　正しいのはイ及びロであり,ハは正しくない。
　　　　2　正しいのはイ及びハであり,ロは正しくない。
　　　　3　正しいのはロ及びハであり,イは正しくない。
　　　　4　イ,ロ及びハすべて正しい。


〔顧客口座の開設〕

問29　次のうち,「内部者登録カード」に記載すべきものとして,正しいものはどれか。正しいものをイ～ハから選んでいる選択肢の番号を一つマークしなさい。

　　イ　氏名又は名称

　　ロ　家族構成及び続柄

　　ハ　会社名,役職名及び所属部署

　　（選択肢）

　　　　1　正しいものはイ及びロであり,ハは正しくない。
　　　　2　正しいものはイ及びハであり,ロは正しくない。
　　　　3　正しいものはロ及びハであり,イは正しくない。
　　　　4　イ,ロ及びハすべて正しい。

**問30** 次のうち，「取引開始基準」を定め，当該基準に適合した顧客との間で当該取引の契約を締結することとなっている有価証券取引はどれか。正しいものをイ～ハから選んでいる選択肢の番号を一つマークしなさい。

イ　信用取引

ロ　カバードワラント取引

ハ　選択権付債券売買取引

（選択肢）

　　1　正しいものはイ及びロであり，ハは正しくない。

　　2　正しいものはイ及びハであり，ロは正しくない。

　　3　正しいものはロ及びハであり，イは正しくない。

　　4　イ，ロ及びハすべて正しい。

**問31** 次の「契約締結前交付書面・契約締結時交付書面」に関する記述として，正しいものはどれか。正しいものをイ～ハから選んでいる選択肢の番号を1つマークしなさい。

イ　協会員は，あらかじめ顧客に対し，金融商品取引契約の概要，手数料，リスク等一定の事項を記載した契約締結前交付書面を交付することによって，金融商品取引契約を締結することができる。

ロ　金融商品取引契約の締結前1年以内に，同種の内容の契約について契約締結前交付書面を交付している場合は，契約締結前交付書面を交付する必要はない。

ハ　協会員は，金融商品取引契約が成立したときは，遅滞なく，当該金融商品取引契約の内容等を記載した契約締結時交付書面を作成し，顧客に対しこれを交付しなければならない。

（選択肢）

　　1　正しいものはイ及びロであり，ハは正しくない。

　　2　正しいものはイ及びハであり，ロは正しくない。

　　3　正しいものはロ及びハであり，イは正しくない。

　　4　イ，ロ及びハすべて正しい。

**問32** 次の「信託勘定取引」に関する記述のうち，正しいものはどれか。正しいものをイ〜ハから選んでいる選択肢の番号を一つマークしなさい。

イ 「特定金銭信託」は，委託者が投資対象を特定し，受託者に裁量の余地がなく，契約終了時に信託財産を金銭で交付するものである。

ロ 「特定金外信託」は，委託者が投資対象を特定し，受託者に裁量の余地がなく，契約終了時に信託財産をそのままの形で交付するものである。

ハ 「指定金銭信託」は，委託者が運用方法や運用対象を概括的に指定し，具体的な運用方法や運用対象については，受託者の裁量によって決定され，契約終了時には信託財産を金銭で交付するものである。

（選択肢）

1 正しいものはイ及びロであり，ハは正しくない。

2 正しいものはイ及びハであり，ロは正しくない。

3 正しいものはロ及びハであり，イは正しくない。

4 イ，ロ及びハすべて正しい。

〔投資勧誘の管理〕

**問33** 次の文章のうち，「広告等の表示及び景品類の提供に関する規則」において規定される，協会員が行ってはならない広告等の表示に該当するものはどれか。該当するものをイ〜ハから選んでいる選択肢の番号を一つマークしなさい。

イ 協会員間の公正な競争を妨げるもの

ロ 協会員としての品位を損なうもの

ハ 判断，評価等が入る場合において，その根拠を明示しているもの

（選択肢）

1 該当するものはイ及びロであり，ハは該当しない。

2 該当するものはイ及びハであり，ロは該当しない。

3 該当するものはロ及びハであり，イは該当しない。

4 イ，ロ及びハすべて該当する。

**問34** 次の文章のうち，「信用取引の勧誘を自粛するものとされている銘柄」に該当するものはどれか。該当するものをイ〜ハから選んでいる選択肢の番号を一つマークしなさい。

イ　金融商品取引所が信用取引の制限又は禁止措置を行っている銘柄

ロ　証券金融会社が貸株利用等の申込制限又は申込停止措置を行っている銘柄

ハ　金融商品取引所が信用取引に係る委託保証金の率の引上げ措置を行っている銘柄

（選択肢）

　　1　該当するものはイ及びロであり，ハは該当しない。

　　2　該当するものはイ及びハであり，ロは該当しない。

　　3　該当するものはロ及びハであり，イは該当しない。

　　4　イ，ロ及びハすべて該当する。

**問35** 次の文章のうち，「禁止行為及び不適切行為」に該当するものはどれか。該当するものをイ〜ハから選んでいる選択肢の番号を一つマークしなさい。

イ　有価証券の売買その他の取引において，銘柄，価格，数量，指値又は成行の区別等，顧客の注文内容について確認を行わないまま注文を執行すること。

ロ　顧客と損益を共にすることを約束して勧誘し，又は実行すること。

ハ　有価証券等の性質について，顧客を誤認させるような勧誘をすること。

（選択肢）

　　1　該当するものはイ及びロであり，ハは該当しない。

　　2　該当するものはイ及びハであり，ロは該当しない。

　　3　該当するものはロ及びハであり，イは該当しない。

　　4　イ，ロ及びハすべて該当する。

**問36** 次の文章のうち，「公社債の取引公正性の確保」に関する記述として正

しいものはどれか。正しいものをイ〜ハから選んでいる選択肢の番号を一つマークしなさい。

イ　協会員は，国債の発行日前取引を初めて行う顧客に対し，あらかじめ当該取引が停止条件付売買であること及び停止条件不成就の場合の取扱いなどについて説明しなければならない。

ロ　第三者と共謀し，顧客が確実に利益を得ることが可能となるよう，あらかじめ約束して行う取引は，顧客の損失を補填し，又は利益を追加する目的をもって行う異常な取引として禁止されている。

ハ　協会員は，顧客との間で公社債（新株予約権付社債を除く）の店頭売買を行うに当たっては，合理的な方法で算出された時価（＝社内時価）を基準として適正な価格により取引を行わなければならない。

（選択肢）

　　1　正しいものはイ及びロであり，ハは正しくない。

　　2　正しいものはイ及びハであり，ロは正しくない。

　　3　正しいものはロ及びハであり，イは正しくない。

　　4　イ，ロ及びハすべて正しい。

〔受渡し・保管等の管理〕

問37　次の文章のうち，「契約締結時交付書面を交付しなければならない」ときに該当するものはどれか。該当するものをイ〜ハから選んでいる選択肢の番号を一つマークしなさい。

イ　累積投資契約による買付けのとき

ロ　投資信託契約の全部又は一部の解約があったとき

ハ　金融商品取引契約が成立したとき

（選択肢）

　　1　該当するものはイ及びロであり，ハは該当しない。

　　2　該当するものはイ及びハであり，ロは該当しない。

　　3　該当するものはロ及びハであり，イは該当しない。

　　4　イ，ロ及びハすべて該当する。

**問38** 次の「先物・オプション取引に係る証拠金の受入れ」に関する記述として正しいものはどれか。正しいものをイ～ハから選んでいる選択肢の番号を一つマークしなさい。

イ　受入証拠金の総額が証拠金所要額の総額を下回っている場合，その不足額を証拠金として受け入れなければならない。

ロ　証拠金として差し入れている金銭の額が顧客の現金支払予定額を下回っている場合，その差額の受入れは現金でなければならない。

ハ　証拠金は有価証券による代用が可能である。

（選択肢）

1　正しいものはイ及びロであり，ハは正しくない。

2　正しいものはイ及びハであり，ロは正しくない。

3　正しいものはロ及びハであり，イは正しくない。

4　イ，ロ及びハすべて正しい。

**問39** 次の「買付代金等の未入管理」に関する記述として正しいものはどれか。正しいものをイ～ハから選んでいる選択肢の番号を一つマークしなさい。

イ　小切手の受入れは，同時に金銭の受入れとみなす。

ロ　顧客が買付代金又は売付有価証券を所定の時限までに，協会員に交付しない場合，協会員は任意に当該顧客の計算において反対売買により決済できる。

ハ　顧客が債務を履行しない場合，協会員は顧客のために占有している有価証券等をその債務を履行するまで，留置することができる。

（選択肢）

1　正しいものはイ及びロであり，ハは正しくない。

2　正しいものはイ及びハであり，ロは正しくない。

3　正しいものはロ及びハであり，イは正しくない。

4　イ，ロ及びハすべて正しい。

**問40** 次の「信用取引の委託保証金」に関する記述として正しいものはどれ

か。正しいものをイ～ハから選んでいる選択肢の番号を一つマークしなさい。

イ　受入保証金の総額とは，〔現金保証金＋（代用有価証券×時価）－建玉評価損－反対売買による損失額－諸経費〕である。

ロ　受入れの際，現に受け入れている委託保証金がない場合，その約定価額に30％を乗じた額が30万円以上のときは，その額が保証金として必要である。

ハ　信用取引の委託保証金には，協会員の債権保全と過度な取引を行うことを防止する目的がある。

（選択肢）

1　正しいものはイ及びロであり，ハは正しくない。

2　正しいものはイ及びハであり，ロは正しくない。

3　正しいものはロ及びハであり，イは正しくない。

4　イ，ロ及びハすべて正しい。

〔協会員と役職員の規制〕

問41　次の文章のうち，損失補塡の禁止に関する記述として正しいものはどれか。正しい記述をイ～ハから選んでいる選択肢の番号を一つマークしなさい。

イ　協会員又は役職員が，顧客の利益が一定水準に達しなかった場合に，利益の補足，追加をすることは禁止されている。

ロ　損失補塡に関して，「財産上の利益」には，値上がりする可能性の高い証券を提供する行為が含まれる。

ハ　協会員又はその役職員が，違法又は不当行為（事故）によって顧客に生じた損失を賠償することは，財務局長の事故確認を受けていた場合，損失補塡の禁止行為に該当しない。

（選択肢）

1　正しいのはイ及びロであり，ハは正しくない。

2　正しいのはイ及びハであり，ロは正しくない。

3　正しいのはロ及びハであり，イは正しくない。

4　イ，ロ及びハすべて正しい。

**問42**　次の文章のうち，役職員の取引に関する禁止行為の記述として正しいものはどれか。正しい記述をイ～ハから選んでいる選択肢の番号を一つマークしなさい。

　イ　金融商品取引所が直近に公表した価格（直近公表価格）以下の価格で空売りを行ってはならない。

　　　ただし，直近公表価格がその直前の異なる価格を上回る場合には，直近公表価格で空売りを行うことができる。

　ロ　顧客から有価証券の売買その他の取引等の注文を受けた場合，自己がその相手方となって有価証券の売買その他の取引等を成立させることができる。

　ハ　協会員の役職員は，顧客からの有価証券の名義書換等の手続の依頼を受けた際に，やむを得ない場合は，協会員を通じないで手続を行うことができる。

（選択肢）

　　　1　正しいのはイ及びロであり，ハは正しくない。

　　　2　正しいのはイ及びハであり，ロは正しくない。

　　　3　正しいのはロ及びハであり，イは正しくない。

　　　4　正しいのはイのみであり，ロ及びハは正しくない。

**問43**　次の文章のうち，外務員の職務に関する記述として正しいものはどれか。正しい記述をイ～ハから選んでいる選択肢の番号を一つマークしなさい。

　イ　外務員は，有価証券の売買その他の取引等に関し，その所属する協会員に代わって，一切の裁判外の行為を行う権限を有するものとみなされる。

　ロ　二種外務員は，信用取引について，一種外務員又は信用取引外務員が同行した場合に限り，注文を受注することができる。

　ハ　登録を受けている外務員はもちろんのこと，登録を受けていない者の

行為の効果は，その所属する金融商品取引業者等に直接帰属し，金融商品取引業者等は，これらの者の当該行為により負った債務について，直接履行する責任を負う。

（選択肢）

　　1　正しいのはイ及びロであり，ハは正しくない。

　　2　正しいのはロ及びハであり，イは正しくない。

　　3　正しいのはロのみであり，イ及びハは正しくない。

　　4　イ，ロ及びハすべて正しい。

## 〔不公正取引の規制〕

**問44**　次の文章のうち，不公正取引の規制に関する記述として正しいものはどれか。正しい記述をイ～ハから選んでいる選択肢の番号を一つマークしなさい。

　イ　何人も，有価証券の売買その他の取引又はデリバティブ取引等を誘引する目的をもって，虚偽の相場を利用してはならない。

　ロ　有価証券の売買その他の取引又はデリバティブ取引等に関連し，不公正取引は規制されているが，この規制の適用対象は上場，非上場にかかわらず，すべての金融商品取引法上の有価証券とされている。

　ハ　不公正行為の対象となる「有価証券の売買その他の取引」には，発行市場における有価証券の募集，売出しも含まれる。

　（選択肢）

　　1　正しいのはイ及びロであり，ハは正しくない。

　　2　正しいのはイ及びハであり，ロは正しくない。

　　3　正しいのはロ及びハであり，イは正しくない。

　　4　イ，ロ及びハすべて正しい。

**問45**　次の文章のうち，上場会社役員等の禁止行為に関する記述として正しいものはどれか。正しい記述をイ～ハから選んでいる選択肢の番号を一つマークしなさい。

　イ　上場会社の役員が当該上場会社等の特定有価証券等について自己の計

算で買付けをした後，3か月以内に売付けをして利益を得たときは，当該上場会社等はその利益の返還を請求することができる。

ロ　上場会社等が当該上場会社の役員による短期売買利益の返還請求権を，利益の取得があった日から2年間行使しなかった場合には，利益返還請求権は消滅する。

ハ　上場会社の役員による不当利益（短期売買利益）の返還請求は，株式累積投資契約に基づく定時・定額の買付けについては適用されない。

（選択肢）

1　正しいのはイ及びロであり，ハは正しくない。

2　正しいのはイ及びハであり，ロは正しくない。

3　正しいのはロ及びハであり，イは正しくない。

4　イ，ロ及びハすべて正しい。

**問46**　内部者取引規制に関する記述のうち，会社関係者に該当する者は次のうちのどれか。正しいものをイ～ハから選んでいる選択肢の番号を一つマークしなさい。

イ　上場会社等の子会社の役員

ロ　上場会社等の会計帳簿閲覧権を有する株主

ハ　以前会社関係者であり，会社関係者でなくなってから2年以内の者

（選択肢）

1　正しいのはイ及びロであり，ハは正しくない。

2　正しいのはイ及びハであり，ロは正しくない。

3　正しいのはロ及びハであり，イは正しくない。

4　イ，ロ及びハすべて正しい。

**問47**　有利買付け表示の禁止規定が適用される有価証券について，該当するものは次のうちのどれか。該当するものをイ～ハから選んでいる選択肢の番号を一つマークしなさい。

イ　新株予約権証券

ロ　株券

ハ　社債

（選択肢）

1　該当するのはイ及びロであり，ハは該当しない。

2　該当するのはイ及びハであり，ロは該当しない。

3　該当するのはロ及びハであり，イは該当しない。

4　イ，ロ及びハすべて該当する。

## 〔その他内部管理に関する事項〕

**問48**　次の文章のうち，顧客との紛争処理に関する記述として正しいものはどれか。正しい記述をイ～ハから選んでいる選択肢の番号を一つマークしなさい。

イ　有価証券の売買その他の取引に関して，顧客から苦情の申出があったときは，担当営業員は直ちにその旨を内部管理統括責任者に報告し，その指示に従わなければならない。

ロ　顧客との紛争が協会員又は役職員の違法又は不適切な行為（事故）に起因するものであることが判明した場合であっても，直ちに顧客に損害を賠償してはならない。

ハ　事故による顧客の損失について補塡するためには，事故確認申請を行う必要があるが，裁判所の確定判決を得ている場合は不要である。

（選択肢）

1　正しいのはイ及びハであり，ロは正しくない。

2　正しいのはイ及びロであり，ハは正しくない。

3　正しいのはロ及びハであり，イは正しくない。

4　イ，ロ及びハすべて正しい。

**問49**　顧客に損失補塡を行うことは原則として禁止されているが，例外的に損失補塡が認められる場合がある。このうち事故確認申請が不要のものはどれか。正しいものをイ～ハから選んでいる選択肢の番号を一つマークしなさい。

イ　未確認売買（顧客の注文内容について確認をしないで当該顧客の計算

により有価証券売買取引を行うこと）

ロ　誤認勧誘（顧客を誤認させるような勧誘を行うこと）

ハ　金融商品取引業協会などのあっせんによる和解が成立している場合

（選択肢）

　　1　正しいのはイ及びロであり，ハは正しくない。

　　2　正しいのはロ及びハであり，イは正しくない。

　　3　正しいのはハのみであり，イ及びロは正しくない。

　　4　イ，ロ及びハすべて正しい。


**問50**　次の文章のうち，事故の報告に関する記述として正しいものはどれか。
正しい記述をイ～ロから選んでいる選択肢の番号を一つマークしなさい。

　イ　協会員は，協会員として遵守すべき法令等に違反する行為が行われて
　　いた事実を認識したときは，遅滞なく，所定の様式による報告書を協会
　　に提出しなければならない。

　ロ　協会員は，その役職員又は役職員であった者に従業員規則に定める禁
　　止行為又は遵守すべき法令の違反，若しくは不適切行為のあったことが
　　判明した場合には，当該不適切行為が過失による場合を除き，直ちに事
　　故顛末報告書を協会に提出しなければならない。

　ハ　協会員は，事故（不適切行為が過失の場合を除く）の詳細が判明した
　　ときは，当該役職員について当該事故の内容に応じた適正な処分を行
　　い，遅滞なく事故連絡書を協会に提出しなければならない。

（選択肢）

　　1　正しいのはイ及びロであり，ハは正しくない。

　　2　正しいのはイ及びハであり，ロは正しくない。

　　3　正しいのはイのみであり，ロ及びハは正しくない。

　　4　イ，ロ及びハすべて正しい。

# 会員用・総合練習問題解答用紙

| | | | | |
|---|---|---|---|---|
| 問 1 | | 問26 | |
| 問 2 | | 問27 | |
| 問 3 | | 問28 | |
| 問 4 | | 問29 | |
| 問 5 | | 問30 | |
| 問 6 | | 問31 | |
| 問 7 | | 問32 | |
| 問 8 | | 問33 | |
| 問 9 | | 問34 | |
| 問10 | | 問35 | |
| 問11 | | 問36 | |
| 問12 | | 問37 | |
| 問13 | | 問38 | |
| 問14 | | 問39 | |
| 問15 | | 問40 | |
| 問16 | | 問41 | |
| 問17 | | 問42 | |
| 問18 | | 問43 | |
| 問19 | | 問44 | |
| 問20 | | 問45 | |
| 問21 | | 問46 | |
| 問22 | | 問47 | |
| 問23 | | 問48 | |
| 問24 | | 問49 | |
| 問25 | | 問50 | |

# 会員用・総合練習問題解答

| | | | | |
|---|---|---|---|---|
| 問 1 | × | 問26 | 4 |
| 問 2 | ○ | 問27 | 2 |
| 問 3 | × | 問28 | 4 |
| 問 4 | × | 問29 | 2 |
| 問 5 | × | 問30 | 2 |
| 問 6 | ○ | 問31 | 3 |
| 問 7 | × | 問32 | 4 |
| 問 8 | ○ | 問33 | 1 |
| 問 9 | × | 問34 | 1 |
| 問10 | × | 問35 | 4 |
| 問11 | ○ | 問36 | 4 |
| 問12 | × | 問37 | 3 |
| 問13 | × | 問38 | 4 |
| 問14 | ○ | 問39 | 3 |
| 問15 | × | 問40 | 3 |
| 問16 | ○ | 問41 | 4 |
| 問17 | × | 問42 | 4 |
| 問18 | × | 問43 | 4 |
| 問19 | × | 問44 | 4 |
| 問20 | ○ | 問45 | 3 |
| 問21 | ○ | 問46 | 1 |
| 問22 | × | 問47 | 1 |
| 問23 | ○ | 問48 | 3 |
| 問24 | ○ | 問49 | 3 |
| 問25 | ○ | 問50 | 3 |

## 会員用・総合練習問題の標準解答と解説

問 1 （解答）×

（解説）営業責任者ではなく，「内部管理統括責任者」に報告し，その指示を受けなければならない。

問 2 （解答）○

問 3 （解答）×

（解説）保有する倫理コードは，協会に提出しなければならない。また，協会が別に示す内容（＝モデル倫理コード）に該当する部分を変更した場合も遅滞なく協会に提出しなければならない。

問 4 （解答）×

（解説）このような場合，口座名義人の配偶者であることについての確認が行われているのであれば，仮名取引であることを告知されたというような特段の事情がない限り，その注文が仮名取引の受託の禁止の規定に違反するものとなる可能性は低い。

問 5 （解答）×

（解説）特定投資家（いわゆるプロ）については，契約締結前交付書面の交付義務はない。

問 6 （解答）○

問 7 （解答）×

（解説）一度売却すると，その非課税枠の再利用はできない。

問 8 （解答）○

問 9 （解答）×

（解説）あらかじめ当該顧客から買付代金又は売付有価証券の全部又は一部の預託を受ける等，取引の安全性の確保に努めなければならない。

問10 （解答）×

（解説）自己の計算で安定操作取引を行うことができる。

問11 （解答）○

問12 （解答）×

（解説）取引参加者が指定する外国為替相場により円貨に換算した価格に

100分の95を乗じた額とされる。

問13 （解答）×

（解説）いずれの方法でも第三者による保管が可能である。

問14 （解答）○

問15 （解答）×

（解説）所定の証書に押捺された印影と届出印鑑が相違ないものと認め，保護預り証券の返還・金銭の支払をした結果，顧客に生じた損害について，協会員はその責任を負うことはない。

問16 （解答）○

問17 （解答）×

（解説）特別の利益提供を約束することは，第三者による場合も，禁止行為とされる。

問18 （解答）×

（解説）法人関係情報を顧客に提供して有価証券の売買等を勧誘することは，禁止行為に該当する。

問19 （解答）×

（解説）引受人となった日から3か月を経過する日ではなく，「6か月」を経過する日まで。

問20 （解答）○

問21 （解答）○

問22 （解答）×

（解説）「3％」ではなく，「5％」が正しい。

問23 （解答）○

問24 （解答）○

問25 （解答）○

問26 （解答）4

（解説）ロは誤り。内部管理責任者と営業責任者は兼務することはできない。

ハは誤り。その内容を内部管理責任者ではなく「内部管理統括責任者」に報告し，その指示を受けなければならない。

問27　(解答)　2
　　　(解説)　ロは誤り。「相当の技術，配慮及び注意をもって行動しなければ
　　　　　　　ならない」ではなく，「すべての顧客の公平な取扱いを確保しな
　　　　　　　ければならない」。

問28　(解答)　4
　　　(解説)　すべて正しい。

問29　(解答)　2
　　　(解説)　「家族構成及び続柄」については，記載すべき項目ではない。

問30　(解答)　2
　　　(解説)　「信用取引」及び「選択権付債券売買取引」の取引については，
　　　　　　　取引開始基準を定める必要があるが，「カバードワラント取引」
　　　　　　　については取引開始基準を定める必要はない。

問31　(解答)　3
　　　(解説)　イは誤り。協会員は，金融商品取引契約を締結しようとするとき
　　　　　　　は，あらかじめ顧客に対し，金融商品取引契約の概要，手数料，
　　　　　　　リスク等を記載した契約締結前交付書面を交付し，これらの事項
　　　　　　　について顧客の知識，経験，財産の状況及び金融商品取引契約を
　　　　　　　締結する目的に照らして当該顧客に理解されるために必要な方法
　　　　　　　及び程度による説明をしなければならない。

問32　(解答)　4
　　　(解説)　すべて正しい。

問33　(解答)　1
　　　(解説)　ハは該当しない。判断，評価等が入るような表示については，そ
　　　　　　　の根拠を明示しなければならない。

問34　(解答)　1
　　　(解説)　ハは誤り。「委託保証金の率の引上げ措置を行っている銘柄」に
　　　　　　　ついては，その顧客に当該措置が行われている旨及びその内容を
　　　　　　　説明しなければならないが，自粛することを求めているものでは
　　　　　　　ない。

問35　(解答)　4

（解説）すべて該当する。

問36 （解答） 4

　　　（解説）すべて正しい。

問37 （解答） 3

　　　（解説）イは誤り。「累積投資契約による買付け」については，その都度
　　　　　　　の契約締結時交付書面の交付は免除される。この場合，金融商品
　　　　　　　取引契約の内容記載書面を定期的に交付し，かつ，顧客からの個
　　　　　　　別の取引に関する照会に速やかに回答できる体制であることが条
　　　　　　　件である。

問38 （解答） 4

　　　（解説）すべて正しい。

問39 （解答） 3

　　　（解説）イは誤り。小切手の受入れは，交換決済の完了をもって，金銭の
　　　　　　　受入れとみなす（小切手は不渡りとなる可能性もある）。

問40 （解答） 3

　　　（解説）イは誤り。受入保証金総額は，「現金保証金＋（代用有価証券×
　　　　　　　時価×代用掛目）－建玉評価損－反対売買による損失額－諸経
　　　　　　　費」である。

問41 （解答） 4

　　　（解説）すべて正しい。

問42 （解答） 4

　　　（解説）ロは誤り。自己がその相手方となって有価証券の売買その他の取
　　　　　　　引等を成立させてはならない。
　　　　　　　ハは誤り。協会員を通じないで名義書換手続を行うことは禁止さ
　　　　　　　れている。

問43 （解答） 4

　　　（解説）すべて正しい。

問44 （解答） 4

　　　（解説）すべて正しい。

問45 （解答） 3

（解説）イは誤り。「3 か月以内」に売付けをした場合ではなく，「6 か月以内」に売付けをした場合。

問46（解答）1

（解説）ハは該当しない。会社関係者に該当するのは，以前会社関係者であり，会社関係者でなくなってから「1 年以内」の者。

問47（解答）1

（解説）ハは該当しない。社債は適用から除外される。

問48（解答）3

（解説）イは誤り。「内部管理統括責任者」ではなく「部店長又は内部管理責任者」に報告し，その指示に従わなければならない。

問49（解答）3

（解説）イ及びロは誤り。「未確認売買」，「誤認勧誘」はともに，あらかじめ事故確認申請を行い，財務局長の確認を受ける必要がある。

問50（解答）3

（解説）ロは誤り。協会に「事故顛末報告書」ではなく，「事故連絡書」を提出する。

ハは誤り。協会に「事故連絡書」ではなく，「事故顛末報告書」を提出する。

# 特別会員用・総合練習問題

次の問1から問15までの文章について，正しい場合は○へ，正しくない場合は×の方へマークしなさい。

〔内部管理・法令遵守態勢の重要性〕

**問1** 自らが営業責任者として任命された営業単位における投資勧誘等の営業活動，顧客管理に関し，重大な事案が生じた場合には，速やかにその内容を内部管理統括責任者に報告し，その指示を受けなければならない。

〔特別会員役職員の職業倫理〕

**問2** 外務員は，その所属する協会員に代わって，有価証券の売買その他の取引等に関し，一切の裁判外の行為を行う権限を有するものとされており，金融商品取引業に携わるプロフェッショナルとして，特に高い職業上の倫理観（職業倫理）を求められる。

〔顧客口座の開設〕

**問3** 顧客カードにおいて，内部者登録カードの記載事項を満たしていても，顧客カードとは別に，必ず内部者登録カードを作成しなければならない。

**問4** 会社（上場会社を除く）の代表者が会社のために取引を行うというように，現に特定取引の任に当たっている自然人（代表者）が顧客と異なるときは，当該代表者が顧客のために特定取引の任に当たっていると認められることを前提に，当該代表者の本人特定事項の確認で足りる。

**問5** 協会員は，あらかじめ顧客に対し，金融商品取引契約の概要，手数料やリスク等を記載した契約締結前交付書面を交付することによって，金融商品取引契約を締結することができる。

〔投資勧誘の管理〕

**問6** 投資信託の受益証券を取得させ又は売り付ける場合には，原則として，

あらかじめ又は同時に特別会員が作成した交付目論見書を投資者に交付しなければならない。

**問7** NISA口座では，非課税投資枠まで有価証券の買付けを行うことができ，NISA口座で保有している有価証券を売却すると，その非課税枠を再利用できる。

**問8** 協会員は，顧客との間で公社債（新株予約権付社債を除く）の店頭売買を行うにあたっては，合理的な方法で算出された時価（「社内時価」という）を基準として適正な価格により取引を行い，その公正性を確保しなければならない。

**問9** 協会員は，有価証券の募集又は売出しに際し，当該有価証券の発行者が内閣総理大臣への届出後であれば，直ちに投資勧誘が可能であり，実際に当該有価証券を取得させ又は売り付けることができる。

〔顧客注文の受託の管理〕

**問10** 協会員は，大口取引顧客については，必ずしも，あらかじめ買付代金又は売付有価証券の全部又は一部の預託を受ける必要はない。

〔受渡し・保管等の管理〕

**問11** 顧客が売買委託契約から生じた債務を履行しない場合，その取引において，特別会員がその顧客のために占有している有価証券等をその債務が履行されるまで，留置することができる。

**問12** 金融機関が企業に対する融資を行うに当たり，自己と有価証券の売買の媒介等の取引を行うことを要請し，これに従うことを事実上余儀なくさせるような行為を行ってはならない。

## 〔協会員と役職員の規制〕

**問13** 特別会員は，登録金融機関業務に係る取引について，顧客に対して，損失の穴埋め，委託証拠金の新規又は追加の差入れのための信用の供与を自動的に行うことができる。

**問14** 金融商品仲介業務を行う特別会員又はその役職員は，その親法人等又は子法人等と有価証券の売買その他の取引を行うにあたっては，通常の取引の条件と異なる有利な条件で取引を行うことができる。

## 〔その他内部管理に関する事項〕

**問15** 裁判所，検察，国税庁及び税務署等の公的機関は，法令に基づき特別会員に対して照会等を行うことができる。そのため特別会員は，いかなる場合も当該照会に対して顧客の情報を提供しなければならない。

問16から問30について，各問の指示に従って解答しなさい。

## 〔協会員役職員の職業倫理〕

**問16** 次の「モデル倫理コード」に記載されている記述について，正しいものはどれか。正しい記述に該当するものをイ〜ハから選んでいる選択肢の番号を一つマークしなさい。

  イ　投資に関する顧客の知識，経験，財産，目的などを十分に把握し，これらに照らした上で，常に顧客にとって最善となる利益を考慮して行動する。

  ロ　顧客に対して投資に関する助言行為を行う場合，中立的な立場から，事実と見解を明確に区別した上で専門的な能力を活かし助言する。

  ハ　関連する法令や規則等のもとで，投資によってもたらされる価値に影響を与えることが予想される内部情報等の公開されていない情報を基に，顧客に対して助言行為を行う。

（選択肢）

1　正しいのはイ及びロであり，ハは正しくない。

2　正しいのはイ及びハであり，ロは正しくない。

3　正しいのはロ及びハであり，イは正しくない。

4　イ，ロ及びハすべて正しい。

## 〔顧客口座の開設〕

**問17**　協会員が顧客と「保護預り契約」を締結しなければならない場合に該当するものは，次のうちどれか。該当する記述をイ〜ハから選んでいる選択肢の番号を一つマークしなさい。

イ　単純な寄託契約により有価証券の寄託を受ける場合。

ロ　累積投資契約及び常任代理人契約に基づく有価証券の寄託を受ける場合。

ハ　混合寄託契約により有価証券の寄託を受ける場合。

（選択肢）

1　該当するのはイ及びロであり，ハは該当しない。

2　該当するのはイ及びハであり，ロは該当しない。

3　該当するのはロ及びハであり，イは該当しない。

4　イ，ロ及びハすべて該当する。

**問18**　次の文章について，正しいものはどれか。正しい記述に該当するものをイ〜ハから選んでいる選択肢の番号を一つマークしなさい。

イ　振替制度において，国債，株式，一般債，投資信託等について証券保管振替機構が振替機関として指定されている。

ロ　協会員は，顧客から保護預り口座設定申込書の提出があり，この申込みを承諾した場合には，遅滞なく保護預り口座を設定し，その旨を当該顧客に通知するとされている。

ハ　我が国において発行される有価証券はペーパーレス化（電子化）が進展し，有価証券の発行から償還（受渡）までのすべての過程を振替制度のもとで取り扱うことが可能となる証券決済制度が整備されている。

（選択肢）

    1　正しいのはイ及びロであり，ハは正しくない。

    2　正しいのはイ及びハであり，ロは正しくない。

    3　正しいのはロ及びハであり，イは正しくない。

    4　イ，ロ及びハすべて正しい。


### 〔投資勧誘の管理〕

**問19**　「投資信託の販売に際し顧客に説明しなければならない事項」として正しいものは，次のうちどれか。正しいものをイ～ハから選んでいる選択肢の番号を一つマークしなさい。

イ　預金等ではないこと。

ロ　元本の返済が保証されていないこと。

ハ　投資者保護基金による一般顧客に対する支払の対象ではないこと。

（選択肢）

    1　正しいのはイ及びロであり，ハは正しくない。

    2　正しいのはイ及びハであり，ロは正しくない。

    3　正しいのはロ及びハであり，イは正しくない。

    4　イ，ロ及びハすべて正しい。


**問20**　次の「目論見書」に関する記述として正しいものはどれか。正しいものをイ～ハから選んでいる選択肢の番号を一つマークしなさい。

イ　有価証券の発行者は，募集又は売出し等に際し，目論見書を作成することが義務付けられている。

ロ　協会員が，有価証券の募集又は売出しにより有価証券を取得させ又は売り付ける場合には，原則として投資家に対して，交付目論見書を後日，交付しなければならない。

ハ　有価証券の募集又は売出しのために，目論見書以外の文書，図画，音声その他の資料を使用する場合には，虚偽又は誤解を生じさせる表示をしてはならない。

（選択肢）

    1　正しいのはイ及びロであり，ハは正しくない。

    2　正しいのはイ及びハであり，ロは正しくない。

    3　正しいのはロ及びハであり，イは正しくない。

    4　イ，ロ及びハすべて正しい。

**問21**　協会員が投資信託受益証券等の乗換えを勧誘する際，顧客（特定投資家を除く）に対して，説明しなければならない重要事項として正しいものはどれか。正しいものをイ〜ハから選んでいる選択肢の番号を一つマークしなさい。

イ　乗換えに係る費用

ロ　解約する投資信託等の状況

ハ　投資信託等の形態及び状況

（選択肢）

    1　正しいのはイ及びロであり，ハは正しくない。

    2　正しいのはイ及びハであり，ロは正しくない。

    3　正しいのはロ及びハであり，イは正しくない。

    4　イ，ロ及びハすべて正しい。

**問22**　「広告等の表示及び景品類の提供に関する規制」において，規定される特別会員が行ってはならない広告等の表示に該当するものはどれか。該当するものをイ〜ハから選んでいる選択肢の番号を一つマークしなさい。

イ　取引の信義則に反するもの

ロ　投資者の投資判断を誤らせる表示のあるもの

ハ　根拠を明示した判断，評価等を記したもの

（選択肢）

    1　該当するのはイ及びロであり，ハは該当しない。

    2　該当するのはイ及びハであり，ロは該当しない。

    3　該当するのはロ及びハであり，イは該当しない。

    4　イ，ロ及びハすべて該当する。

〔受渡し・保管等の管理〕

**問23** 「契約締結時交付書面」に関する次の記述のうち，正しいものはどれか。正しいものをイ〜ハから選んでいる選択肢の番号を一つマークしなさい。

イ　協会員は，金融商品取引契約が成立した後，遅滞なく契約締結時交付書面を顧客の住所，事務所の所在地又は顧客の指定した場所に郵送しなければならない。

ロ　協会員は，契約締結時書面を顧客へ交付するため，担当外務員に手渡すことによって，交付したこととすることができる。

ハ　顧客が法人又はこれに準じる団体である場合において，主管責任者又は主管責任者の承諾を受けた従業員が契約時交付書面を当該顧客の事務所に持参して直接交付したときは，これを郵送により交付したものとみなされる。

（選択肢）

1　正しいのはイ及びロであり，ハは正しくない。

2　正しいのはイ及びハであり，ロは正しくない。

3　正しいのはロ及びハであり，イは正しくない。

4　イ，ロ及びハすべて正しい。

**問24** 「契約締結時交付書面」に関する次の記述のうち，正しいものはどれか。正しいものをイ〜ハから選んでいる選択肢の番号を一つマークしなさい。

イ　契約締結時交付書面を顧客に交付したときは，交付日及び交付方法を発信簿その他の帳票に記載することとされている。

ロ　郵便未着の場合には，返戻理由を記録・保存し，返戻された契約締結時交付書面は作成後5年間保存することとされている。

ハ　郵便未着の理由が解消された場合は，改めて顧客に契約締結時交付書面を交付する必要はない。

（選択肢）

1　正しいのはイ及びロであり，ハは正しくない。

2　正しいのはイ及びハであり，ロは正しくない。

3　正しいのはロ及びハであり，イは正しくない。

4　イ，ロ及びハすべて正しい。

問25　次の「取引残高報告書」に関する次の記述のうち，正しいものはどれか。正しいものをイ～ハから選んでいる選択肢の番号を一つマークしなさい。

イ　協会員は，有価証券の売買その他の取引若しくはデリバティブ取引等に係る金融商品取引契約が成立し，又は有価証券若しくは金銭の受渡しを行った場合，顧客口座ごとに取引残高報告書を作成し，四半期ごとに交付しなければならない。

ロ　直近に取引残高報告書を作成した日から1年間当該金融商品取引契約が成立しておらず，又は当該受渡しを行っていない場合であって，金銭又は有価証券の残高があるときにあっては，取引残高報告書を交付する必要はない。

ハ　協会員は，契約締結時交付書面による約定報告に基づく受渡し決済の状況とその後の残高について，取引残高報告書を作成し，顧客に交付しなければならない。

（選択肢）

1　正しいのはイ及びロであり，ハは正しくない。

2　正しいのはイ及びハであり，ロは正しくない。

3　正しいのはロ及びハであり，イは正しくない。

4　イ，ロ及びハすべて正しい。

〔協会員と役職員の規制〕

問26　「外務員の職務」に関する記述として正しいものはどれか。正しいものをイ～ハから選んでいる選択肢の番号を一つマークしなさい。

イ　協会員は，登録を受けた外務員以外の者に有価証券の売買その他の取引等の行為を行わせてはならない。

ロ　登録を受けていない者の行為の効果は，その所属する協会員に帰属す

ることはなく，これらの者の行為によって生じた債務について，協会員
はその責任を負うことはない。

ハ　協会員が外務員の権限を制限している場合であっても，顧客がそれを
知らない限り，協会員は，外務員が行った行為について責任を負わなけ
ればならない。

（選択肢）

1　正しいものはイ及びロであり，ハは正しくない。

2　正しいものはイ及びハであり，ロは正しくない。

3　正しいものはロ及びハであり，イは正しくない。

4　イ，ロ及びハすべて正しい。

**問27**　「虚偽告知等の禁止」に関する記述として正しいものはどれか。正しい
ものをイ〜ハから選んでいる選択肢の番号を一つマークしなさい。

イ　禁止される「表示方法」の範囲については，文書に限らず，口頭，図
画，放送，映画，スライド等の手段も含まれる。

ロ　不作為により特に必要な表示を欠くような表示の仕方も禁止される。

ハ　明らかに誤解を生じさせるような表示ではないが，表現が曖昧で他の
意味に解される可能性のある表示については，必ずしも禁止行為とはな
らない。

（選択肢）

1　正しいものはイ及びロであり，ハは正しくない。

2　正しいものはイ及びハであり，ロは正しくない。

3　正しいものはロ及びハであり，イは正しくない。

4　イ，ロ及びハすべて正しい。

**問28**　「特別会員の役職員の禁止行為」に関する記述として正しいものはどれ
か。正しいものをイ〜ハから選んでいる選択肢の番号を一つマークしなさ
い。

イ　特別会員の役職員は，投資信託の預託を受ける場合には，投資者保護
基金の補償対象外であること等を説明しなければならない。

ロ　特別会員又はその役職員は，金銭の貸付けその他信用の供与をすることを条件として有価証券の売買の受託等を行ってはならない。

ハ　特別会員の役職員は，有価証券の売買その他の取引等に関して，内部管理責任者の許可を得て，顧客と金銭，有価証券の貸借を行うことができる。

（選択肢）

1　正しいものはイ及びロであり，ハは正しくない。

2　正しいものはイ及びハであり，ロは正しくない。

3　正しいものはロ及びハであり，イは正しくない。

4　イ，ロ及びハすべて正しい。

### 〔不正取引の規制等〕

問29　「内部者取引」に関する記述として正しいものはどれか。正しいものをイ～ハから選んでいる選択肢の番号を一つマークしなさい。

イ　上場会社の会社関係者の範囲に，当該上場会社と契約を締結している公認会計士が含まれる。

ロ　上場会社の会社関係者が当該会社に関する公表前の重要事実を入手した場合は，その後に会社関係者でなくなったとしても，会社関係者でなくなった後1年間は，その間に当該重要事実が公表された場合でも，当該会社の発行する上場株券等の売買をしてはならない。

ハ　上場会社の業務執行を決定する機関が株式の分割を行うことを決定して公表した場合，公表後に当該株式の分割を行わないことを決定したとしても，そのことは重要事実に当たらない。

（選択肢）

1　正しいのはイであり，ロ及びハは正しくない。

2　正しいのはロであり，イ及びハは正しくない。

3　正しいのはハであり，イ及びロは正しくない。

4　イ，ロ及びハすべて正しくない。

問30　「紛争解決手続」に関する記述として正しいものはどれか。正しいもの

をイ～ロから選んでいる選択肢の番号を一つマークしなさい。

イ　顧客等からあっせんの申し立てがなされた場合，紛争解決委員がかかる申し立てを受理する。この場合，FINMAC から顧客及び協会員の双方にあっせん申し立て受理の通知がなされる。

ロ　協会員は，紛争解決委員があっせん手続を行わないことが適当であると判断した場合等を除き，あっせん手続に参加しなければならず，かかる申し立てに対する答弁書等を作成し，FINMAC に提出しなければならない。

（選択肢）

  1　イ及びロとも正しい。

  2　正しいのはイであり，ロは正しくない。

  3　正しいのはロであり，イは正しくない。

  4　イ及びロとも正しくない。

# 特別会員用・総合練習問題解答用紙

| | |
|---|---|
| 問 1 | |
| 問 2 | |
| 問 3 | |
| 問 4 | |
| 問 5 | |
| 問 6 | |
| 問 7 | |
| 問 8 | |
| 問 9 | |
| 問10 | |
| 問11 | |
| 問12 | |
| 問13 | |
| 問14 | |
| 問15 | |
| 問16 | |
| 問17 | |
| 問18 | |
| 問19 | |
| 問20 | |
| 問21 | |
| 問22 | |
| 問23 | |
| 問24 | |
| 問25 | |

| | |
|---|---|
| 問26 | |
| 問27 | |
| 問28 | |
| 問29 | |
| 問30 | |

# 特別会員用・総合練習問題解答

| | |
|---|---|
| 問 1 | ○ |
| 問 2 | ○ |
| 問 3 | × |
| 問 4 | × |
| 問 5 | × |
| 問 6 | × |
| 問 7 | × |
| 問 8 | ○ |
| 問 9 | × |
| 問10 | × |
| 問11 | ○ |
| 問12 | ○ |
| 問13 | × |
| 問14 | × |
| 問15 | × |
| 問16 | 1 |
| 問17 | 2 |
| 問18 | 3 |
| 問19 | 4 |
| 問20 | 2 |
| 問21 | 4 |
| 問22 | 1 |
| 問23 | 2 |
| 問24 | 1 |
| 問25 | 2 |

| | |
|---|---|
| 問26 | 2 |
| 問27 | 1 |
| 問28 | 1 |
| 問29 | 1 |
| 問30 | 1 |

## 特別会員用・総合練習問題の標準解答と解説

問1 （解答）○

問2 （解答）○

問3 （解答）×

（解説）内部者登録カードの記載事項を満たしていれば，当該顧客カードと内部者登録カードを兼ねることができる。

問4 （解答）×

（解説）当該顧客の取引時確認に加え，当該代表者の本人特定事項の確認を行わなければならない。

問5 （解答）×

（解説）契約締結前交付書面を交付し，これらの事項について顧客の知識，経験，財産の状況及び金融商品取引契約を締結する目的に照らして当該顧客に理解されるために必要な方法及び程度による説明をしなければならない。

問6 （解答）×

（解説）あらかじめ又は同時に投資信託委託会社が作成した交付目論見書を投資者に交付しなければならない。

問7 （解答）×

（解説）一度売却すると，その非課税枠の再利用はできない。

問8 （解答）○

問9 （解答）×

（解説）有価証券の発行者が内閣総理大臣への届出後であれば，投資勧誘が可能であるが，実際に有価証券を取得させ又は売り付けることができるのは，届出の効力が発生してからである。

問10（解答）×

（解説）あらかじめ買付代金又は売付有価証券の全部又は一部の預託を受ける等取引の安全性の確保に努めなければならない。

問11（解答）○

問12（解答）○

問13（解答）×

（解説）自動的に信用の供与を行ってはならない。

問14（解答）×

（解説）通常の取引条件と異なる条件であって，取引の公正を害するおそれのある条件で，その親法人等又は子法人等と有価証券の売買その他の取引等を行ってはならない。

問15（解答）×

（解説）このような公的機関からの照会であっても，無条件に応じて顧客の情報を提供した場合には，守秘義務に反するおそれがあるので，慎重に対応する必要がある。

問16（解答）1

（解説）ハは誤り。内部情報等の公開されていない情報を基に，顧客に対して助言行為を行ってはならない。

問17（解答）2

（解説）ロは該当しない。累積投資契約及び常任代理人契約に基づく有価証券の寄託を受ける場合は，保護預り契約を締結する必要はない。

問18（解答）3

（解説）イは誤り。国債については日本銀行が振替機関として指定されている。

問19（解答）4

問20（解答）2

（解説）ロは誤り。原則として，協会員は，投資家に対して交付目論見書をあらかじめ又は同時に交付しなければならない。

問21（解答）4

問22（解答）1

（解説）ハは該当しない。「取引の信義則に反するもの」及び「投資者の投資判断を誤らせる表示のあるもの」は禁止されているが，「判断，評価等が入る場合は，その根拠を明示」しなければならない。

問23（解答）2

（解説）ロは誤り。顧客への交付のため，外務員等に渡したというだけで
は交付したことにはならない。

問24　（解答）1

　　　（解説）ハは誤り。改めて顧客に契約締結時交付書面を交付することとさ
れている。

問25　（解答）2

　　　（解説）ロは誤り。直近に取引残高報告書を作成した日から1年間当該金
融商品取引契約が成立しておらず，又は当該受渡しを行っていな
い場合で，金銭又は有価証券の残高があるときは，1年ごとの交
付が必要である。

問26　（解答）2

　　　（解説）ロは誤り。登録を受けていない外務員の行為の効果も，その所属
する協会員に直接帰属し，協会員は，これらの者の当該行為によ
り負った債務について，直接履行する責任を負う。

問27　（解答）1

　　　（解説）ハは誤り。明らかに誤解を生じさせるような表示でなくても，表
現が曖昧で他の意味に解されやすい表示についても禁止行為とな
る。

問28　（解答）1

　　　（解説）ハは誤り。基本的に特別会員の役職員は，顧客と金銭，有価証券
の貸借を行ってはならない。

問29　（解答）1

　　　（解説）ロは誤り。重要事実が公表された場合は，当該上場株券等の売買
を行うことができる。
ハは誤り。当該株式の分割を行わないことを決定したことも重要
事実に当たる。

問30　（解答）1

# 索　　引

## ら

## 著者紹介

**嶋 田 浩 至**（しまだ・ひろし）

現　在　日本証券アナリスト協会検定会員
　　　　元証券会社勤務，元産能短期大学・放送大学兼任講師
　　　　主な講演テーマ：「日経会社情報（会社四季報）の見方」
　　　　　　　　　　　　「投資環境と企業分析」など。

【著　書】

『証券アナリスト試験〔1次レベル〕問題集　財務分析』（税務経理協会，1999年）

『めざせ！証券アナリスト（改訂版）』（日本能率協会マネジメントセンター，2000年）

『現代日本経済の課題』（共著，税務経理協会，2000年）

『よくわかる株式のしくみ』（日本能率協会マネジメントセンター，2000年）

『必携！ 連結情報で株式投資』（税務経理協会，2000年）

『株式投資で資産倍増！』（税務経理協会，2005年）

『証券外務員二種　合格のためのバイブル（新装版第2版）』（税務経理協会，2015年）

『証券外務員二種　合格のためのトレーニング（新装版第2版）』（税務経理協会，2015年）

『証券外務員一種　合格のためのバイブル（新装版第3版）』（税務経理協会，2016年）

『証券外務員一種　合格のためのトレーニング（新装版第3版）』（税務経理協会，2016年）

『特別会員証券外務員二種・一種　合格のためのトレーニング（第2版）』（税務経理協会，2012年）など多数


**新 谷 佳 代**（しんたに・かよ）

元証券会社勤務。退職後，特定非営利活動法人投資と学習を普及・推進する会（略称：NPO法人エイプロシス）にて全国各地で講演を行う。主なテーマは，株式投資基礎講座・投資信託基礎講座・債券投資基礎講座・マネープランと資産運用入門講座・NISAを踏まえた資産運用入門講座など。

## 書籍正誤表の案内について

書籍の内容に関して，正誤表を弊社ホームページ上に公開することがあります。
http://www.zeikei.co.jp/

本書の正誤に関するお問い合わせは下記編集部宛にお手紙またはFAXにてお願い
いたします。お電話でのお問い合わせはお受けできません。
　また，本書の範囲を超えるご質問（解説・受験指導など）については一切お答えで
きませんので，あらかじめご了承ください。

著者との契約により検印省略

| | | |
|---|---|---|
| 平成27年12月1日 | 初 版 発 行 | |
| 平成29年5月15日 | 第 2 版 発 行 | |
| 平成30年9月25日 | 第 3 版 発 行 | |
| 令和3年6月25日 | 第 4 版 発 行 | |

会員・特別会員共通 証券外務員

# 内 部 管 理 責 任 者
## 合格のためのバイブル
〔新装版第4版〕

| | |
|---|---|
| 著　者 | 嶋　田　浩　至 |
| | 新　谷　佳　代 |
| 発行者 | 大　坪　克　行 |
| 印刷所 | 光 栄 印 刷 株 式 会 社 |
| 製本所 | 牧 製 本 印 刷 株 式 会 社 |

| | | |
|---|---|---|
| 発 行 所 | 東 京 都 新 宿 区<br>下落合2丁目5番13号 | 株式会社 税 務 経 理 協 会 |

郵便番号 161-0033　振替　00190-2-187408　電話(03)3953-3301（編集代表）
FAX(03)3565-3391　(03)3953-3325（営業代表）

URL http://www.zeikei.co.jp/

乱丁・落丁の場合はお取替えいたします。